后浪出版公司

漫步罗马

Rome : Itinéraires avec Alix

[法]泰蕾丝·德谢里塞 编

[法]雅克·马丁 [法]吉勒·沙耶 [意]恩里科·萨卢斯蒂奥 绘

雷淑淋 译

四川美术出版社

作者致谢

泰蕾丝·德谢里塞

　　文森·德莱克鲁瓦（Vincent Delecroix）、伊凡诺·孔杜蒂（lvano Coduti）和埃莱娜·奇诺（Elena Cino）为这本指南贡献良多，他们与我分享了对罗马的见解，克里斯蒂安·亨利埃特（Christian Henriette）帮了我不少忙，我衷心感谢他们。感谢所有为我开启了新大门的人，特别要感谢意大利国家旅游局巴黎分部、"参观罗马"（Visitrome）旅游网站、拉齐奥大区及拉齐奥旅游推广机构（ATLazio）、罗马市政府和泽特马文化机构（Zètema）。还要感谢克劳德·孔塔明（Claude Contamine）、瓦妮莎·德莱克鲁瓦（Vanessa Delecroix）、瓦莱丽·贝尔泰尔（Valérie Berteil），以及多米尼克·博韦（Dominique Bovet）和他对迪迪埃·费拉（Didier Férat）的信任。

恩里科·萨卢斯蒂奥

　　感谢克里斯托弗·西蒙（Christophe Simon）提供的帮助。

目　录

写在前面

乍一看，罗马会令人目不暇接，一眼就望到几个"灯塔式"地标：罗马斗兽场、圣彼得大教堂、维托里安诺纪念堂。罗马起初是由标志性巨型石像组成的小城，再到古罗马帝国的首都，然后是基督教中心，最终成为今天意大利的首都。市中心遗迹所在的葱郁区域面积之广阔令人惊叹，勾起无限遐想。若你努力解读拱门与圆柱上的浅浮雕，便能追随出征的古罗马军团或者皇帝凯旋的游行队伍。到处都铭刻着罗马的历史。当我们慢慢习惯于眼之所见，又会不断发现这座拥有近 3000 年历史的古城蜕变的新痕迹。这里，是米开朗琪罗在戴克里先浴场中嵌入的教堂；那里，坐落着如千层酥般层层叠叠堆积的、深达 20 米的圣殿群落，或是像飞来石般栖落在十字路口的公园。建筑立面凸显的几个头颅，是亚壁古道一座墓穴上的雕刻；漂亮而奇异的巴洛克式顶塔，犹如深藏于文艺复兴时期庭院的珠贝。

罗马这座城市，由复杂的地质沉淀、石头的层层堆积形成，由不断再生和重组的历史碎片组成，由宏伟壮观的图景、真假难辨的视觉陷阱构成。这本漫步指南旨在成为一根阿里阿德涅之线，引导你在时间厚度与城市迷宫之中穿行。路线有时错综复杂，以期带你邂逅一尊雕塑、一枚纪念章、一座回廊或者一条穿堂小巷——小巷通往一幅巴洛克迷你景致、一眼喷泉、一处人文景观，或是一个能让你驻足休憩的小广场——领你不停地穿梭在罗马灿烂的过往与当下之间。由雅克·马丁、吉勒·沙耶和恩里科·萨卢斯蒂奥绘制的插图，使这个城市的过去重现于世——这段过去，罗马人至今仍背负在身并熟稔于心。

路线

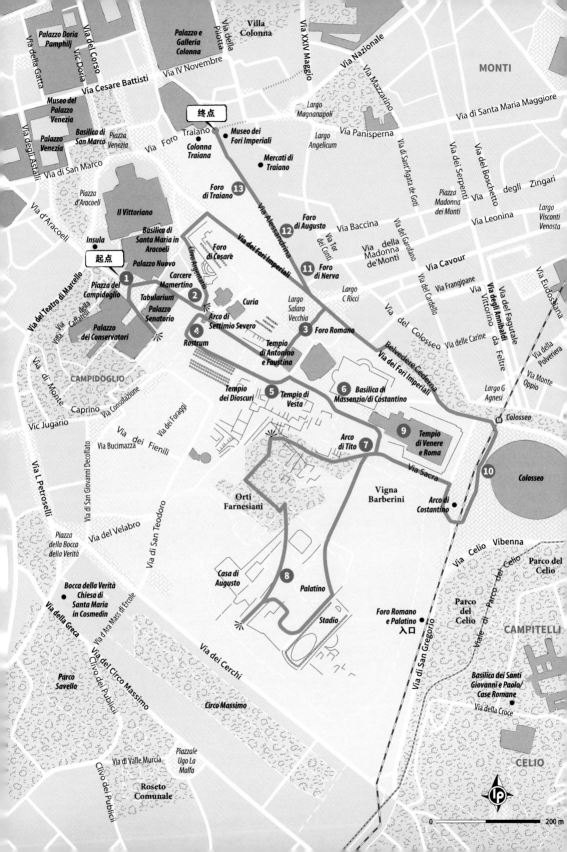

起点：卡比托利欧广场

终点：图拉真广场

游览须知：傍晚余晖笼罩遗址，此时为最理想的游览时间。行程可分为两天：第一天，游览卡比托利欧山、古罗马广场及帕拉蒂诺山（预计至少三小时）；第二天，游览罗马斗兽场与帝国议事广场。

古罗马中心

广场、斗兽场与帕拉蒂诺山

登上古罗马最为神圣的卡比托利欧山是朝圣之旅的一部分。自文艺复兴以来，登高便要通过米开朗琪罗设计的、雄伟壮观的斜坡式阶梯；1536 年，米开朗琪罗受命重新规划这座山丘，设计并建造了一个具有纪念意义的广场，以彰显罗马教廷的威严。大量文物被搬运至此作为装饰：埃及的狮子雕像守卫在楼梯口，狄俄斯库里兄弟矗立在入口两侧，著名的马可·奥勒留骑马雕像则位于广场中心。

再往前走几步，就可以俯瞰整片古罗马广场，即城市中心及帝国中心，如今这里已是一片废墟，一望无际，充满浪漫气息。全景式的视觉体验为朝圣之旅增添了几分愉悦。勇敢的胜利者们也是通过这条朝圣路径登顶卡比托利欧山的；之后再攀登富有传奇色彩的帕拉蒂诺山，来一次诗意的漫步，那里有着意大利伞松、迷宫般的遗址、粗犷原始的花园，视野极佳，可以眺望西里欧山或者马克西穆斯竞技场。逛完斗兽场（罗马帝国的宏伟标志）后，沿着帝国议事广场走到图拉真广场。广场上的图拉真柱周身环绕着饰带浮雕，如同巨幅历史连环画。

❶ 卡比托利欧广场　　　❺ 灶神庙　　　　　　　❽ 帕拉蒂诺山　　　　　⓬ 奥古斯都广场

❷ 马梅尔定监狱　　　　❻ 马克森提乌斯和君士坦丁　❾ 维纳斯和罗马神庙　　⓭ 图拉真广场

❸ 古罗马广场　　　　　　巴西利卡　　　　　　⓾ 罗马斗兽场

❹ 古罗马演讲台　　　　❼ 提图斯凯旋门　　　　⓫ 内尔瓦广场

✤ 卡比托利欧山

卡比托利欧山（Campidoglio）为古罗马重要的宗教与政治中心，是七丘中最小的一座，它包括两座被神庙环绕的山峰。南面的卡比托利奥姆（Capitolium）山峰上矗立着城内最大的神庙——朱庇特神庙（Tempio di Giove Capitolino）。从前古罗马执政官的授职仪式就在神庙的祭坛前举行，这里也是凯旋仪式——向取得胜利的将军致敬，后来变成向皇帝致敬——的终点。北面的阿克斯（Arx）山峰处形成了防御堡垒，这里曾坐落着朱诺莫内塔神庙（Tempio di Giunone Moneta）（神话中，朱诺多次警告罗马人他们会遇到的危险）。

公元前390年，当高卢人半夜攻进罗马城时，朱诺莫内塔神庙里喂养的几只鹅大叫，惊醒了罗马人，他们随即击退进攻者。

卡比托利欧博物馆

卡比托利欧博物馆（Musei Capitolini）内丰富的藏品可以追溯到西克斯图斯四世1471年的捐赠，含有从古罗马时期到18世纪的收藏。千万别错过以下文物：《卡比托利欧母狼》（Lupa Capitolina）（孪生子是文艺复兴时期添加的），《挑刺的少年》（Spinario）雕像，马可·奥勒留的骑马雕像（广场上雕像的原版），《垂死的加拉太人》（Galata Morente）和《卡比托利欧维纳斯》（Venere Capitolina）。卡拉瓦乔作品的爱好者可以欣赏到《女卜者》（Buona Ventura）与《施洗者圣约翰》（San Giovanni Battista）。

高卢人首领布伦努斯准备深夜突袭阿克斯

马可·奥勒留的雕像因为在中世纪被误认作"基督徒"君士坦丁大帝的雕像而得以保存下来

如今，神庙原址上耸立着**天坛圣母堂**（Basilica di Santa Maria in Aracoeli）（13 世纪）。两大山峰被山谷隔开，这里曾是罗慕路斯收容难民的地方，后逐渐扩张为如今的**卡比托利欧广场**（Piazza del Campidoglio）❶。在山谷边缘，古罗马广场对面的位置，有一座建造于公元前 1 世纪末的古罗马国家档案馆（Tabularium），用来保管公共档案。

罗马帝国衰落后，卡比托利欧山沦为牧羊场；随着**元老宫**（Palazzo Senatorio）在古罗马国家档案馆废墟上修建起来，以及**保守宫**（Palazzo dei Conservatori）也在附近建立后，卡比托利欧山在中世纪重新取得其政治地

位。1536 年，米开朗琪罗受命整修山丘，以建立一个彰显教廷地位的广场。他重新设计了原有的两座宫殿的立面，并规划了第三座宫殿——**新宫**（Palazzo Nuovo）（17 世纪）。新广场面向教皇之城，背朝"异教徒"的世界。如今，这些宫殿里保存着卡比托利欧博物馆的藏品，经由宫殿可以参观古罗马国家档案馆遗址。从那里眺望古罗马广场，视野非常开阔。阴雨蒙蒙时最为理想，而在落日时分又非常奇妙。

俯瞰古罗马广场

向下来到元老宫右边，走到伸向古罗马广场谷地高处的平台。在铁器时代，这里曾是一片河谷沼泽，被住在山丘上的人们用作墓地。公元前 6 世纪，伊特鲁里亚的国王们为了给河谷排水，挖掘了马克西姆下水道（其后成为罗马的大排水渠），还用石头铺砌了一个广场（古罗马广场的雏形），人们在这里安置市集，处理公共事务和诉讼。广场四周矗立着许多神庙，最早的是灶神庙，里面供有守卫城市民众的圣火。商人们分散在广场四周进行交易，广场中心则作政治用途。最负盛名的广场主干道——圣道（Via Sacra）——通向卡比托利欧山上的朱庇特神庙。在一代代古罗马执政官、皇帝，以及火灾的影响下，广场上的建筑不断被翻修，并变得越来越多。到罗马帝国后期，广场上已经布满建筑物与还愿纪念碑，还有雕像、拱门、

蛮族入侵后，古罗马广场被弃置，于中世纪变为牧场（Campo Vaccino）。而那些古代建筑物如果没有被改为教堂或被纳入防御工事的话，就会变为采石场。

卡比托利欧山脚下的古罗马广场，前景是一个被围住的神圣场所

圆柱，大理石、黄金和青铜制品，各种色彩的装饰闪闪发光。

在平台从左往右望过去，可以看到古罗马国家档案馆地基（上面坐落着元老宫）、维斯帕先和提图斯神庙的三根圆柱、塞维鲁凯旋门、凯旋门正后方的罗马元老院（巨大的砖砌建筑）、农神庙的八根圆柱，然后是朱里亚巴西利卡的遗址。在后方，可以看到小小的圆形维斯塔神庙、卡斯托尔和波吕克斯神庙的三根圆柱。右边是帕拉蒂诺山，传说中罗慕路斯就是在这里建立了古罗马城，皇帝们也居住于此。

返回去，这次往下走到元老宫的左侧，《卡比利欧母狼》的雕塑守护在此（原版存放在博物馆）。沿着**偈莫尼阶梯**（Scale Gemonie）快步走下去，

罗马建城传说

传说维纳斯与凡人生下儿子埃涅阿斯。特洛伊城失火沦陷后，埃涅阿斯带着父亲和儿子卢勒（又名阿斯卡尼俄斯）逃了出来。他们的船于台伯河岸搁浅，埃涅阿斯便在拉丁人的地盘生活，他娶了国王的女儿，还建立了拉维尼乌姆城（Lavinium）。埃涅阿斯死后，卢勒建立了阿尔巴隆伽城，继任者在这里施行统治。王室经过几代人，后人女祭司西尔维亚与战神玛尔斯结合并诞下一对双胞胎：罗慕路斯与雷慕斯。他们的舅舅担心有一天这对孪生子报篡位之仇，便下令将两个男孩扔进台伯河。孪生子没被淹死，而是被冲到帕拉蒂诺山脚下。先是有一头母狼喂养他们，后来两人又被牧羊人收养。弟兄俩帮外公重新夺回王位后决定在获救的地方建立城池，并通过观察鸟的飞行进行占卜，以此确定谁是王。公元前 753 年 4 月 21 日，根据神的旨意选出的罗慕路斯在帕拉蒂诺山建立了新城罗马。他们根据伊特鲁里亚的宗教习

俗，用犁挖出圣渠［或称罗马城界（pomerium）］来标记城界以及守卫城市。然而雷慕斯出于嫉妒越过界限挑衅，实在是大不敬，罗慕路斯便杀掉了弟弟。为了增加城市人口，罗慕路斯敞开城门欢迎难民与法外之徒。为了给城里的男人们找妻子，他邀请萨宾人到城中进行二轮马车比赛，并趁机让罗马男人抢走萨宾人的女儿。当萨宾人攻到罗马，准备抢回女儿时，萨宾妇女们劝说新婚丈夫和自己的父亲和解，迫使双方结下和平条约。

哺乳罗慕路斯与雷慕斯的母狼原本是献给战神玛尔斯的，可能是神派它去拯救自己孩子的。不过，在拉丁语中，母狼（lupa）也有"妓女"之意；此外，这个词也可能指收养孩子的牧羊人之妻

在雅克·马丁的漫画《罗马，罗马》（*Roma, Roma*）中，阿历克斯（Alix）被扔进了马梅尔定监狱，罪名为刺杀所谓的元老院议员盖乌斯·克温图斯·阿尔努斯。现实中，这座监狱关押过高卢部落首领维钦托利（Vercingétorix）以及其他敌方首领。传说中使徒圣彼得与圣保罗都曾被关押在此，但尚无依据。

死刑犯的尸体曾在此示众。**马梅尔定监狱**（Carcere Mamertino）❷阴暗的囚室就在阶梯下边。

203年，为庆祝战胜帕提亚人，古罗马人修建了**塞维鲁凯旋门**（Arco di Settimio Severo）。从楼梯底部的平台望上去，可以清楚地看到凯旋门上的浅浮雕。此外，可以试着辨认主拱门下方搬运战利品的凯旋画面，或是两次与帕提亚人对战的重大时刻（画面的阅读顺序是从下往上）。左侧展示了进攻塞琉古帝国（毗邻当今巴格达地区）的场景，其后是帕提亚人逃跑，下方是他们向皇帝投降的画面。右侧是携带战争武器进攻泰西封及城市沦陷的画面，上方则是皇帝在城池前发表最后的演说。

塞维鲁凯旋门其中一根门柱底座上的浅浮雕：罗马士兵及帕提亚囚犯

游览古罗马中心外围

如果想避免排长队，或是夜晚想欣赏灯饰，你大可省去需买门票的景点。不进入古罗马广场，沿着帝国议事广场大道往斗兽场走，在右手边的墙上，可以看到四幅展示罗马帝国扩张过程的巨型地图。不远处，可登上一道阶梯抵达罗马圣方济加教堂和新圣母广场（Piazza di Santa Maria Nova）。在那里，透过栅栏便可以看到马克森提乌斯和君士坦丁巴西利卡。朝斗兽场的方向向下走，可以去看看提图斯凯旋门、君士坦丁凯旋门，再绕斗兽场逛一圈，之后再沿着正常的路线一直漫步到图拉真柱。

要重新回到广场入口的话，就走上阿尔让达里奥（Argentario）斜坡，绕过恺撒广场，从右边返回帝国议事广场大道。大道沿途的栏杆上挂着标牌，能帮助我们辨识主要建筑物及遗迹。

在古罗马广场

通过帝国议事广场大道，我们进入**古罗马广场**（Foro Romano）❸，右侧的废墟上曾坐落着建于公元前2世纪的**艾米利亚巴西利卡**（Basilica Aemilia）。像所有古罗马的巴西利卡一样，这里是供人们在恶劣天气躲避的公共大堂。天气好的时候，广场上的法律、商业以及政治活动都在露天场所进行。接着我们很快就会来到**圣道**，即凯旋仪式所经之路。过去，征服者会从战神广场（Campo Marzio）出发，站在四马二轮战车上，在随行人员间行进，穿越整座城市，同时向民众展示被锁链铐住的战俘和战利品（掠夺来的武器、珠宝及雕像）。那些旗帜、模型和画作详尽地述说着征服过程，若将它归纳为三个词，便正如恺撒大帝所说的"我

从古罗马广场看塞维鲁凯旋门，左侧的圆锥形建筑是"罗马之脐"

恺撒凯旋

西塞罗（Cicero）（公元前106—前43年），古罗马政治家、演说家和哲学家。他是法制的伟大捍卫者。安东尼下令将西塞罗暗杀，并割下他的头颅和双手，钉在演讲台上示众。

来，我见，我征服"（Veni, vidii, vici）。游行结束时还会歌颂首领的卓越功勋。到达卡比托利欧山脚下后，战俘要么被关进监狱，要么直接被送到行刑地；征服者则会一直攀登到朱庇特神庙，在那里祭祀一头白色的公牛以感激神灵。不过，由于担心胜利会冲昏英雄的头脑，会在英雄旁边安排一位奴隶向他不断重复："记住，你不过是一个凡人。"

沿着圣道右手边继续行走。地面上一圈圈钙华物质提示我们这里曾经是维纳斯克罗西娜神殿（Sacello di Venere Cloacina），同时也是马克西姆下

水道通向广场的地方。穿过阿及雷多（Argileto）街——这条街行人来人往，通向苏布拉街区，即雅努斯神庙旧址所在——右转就是**罗马元老院**（Curia），它参照戴克里先时期的外观进行了重修。作为元老的官方集会所，这块地方可谓圣地。过去，为了解神灵的旨意，每次开会前都会在那里鸟占。我们能看到元老就席的阶梯座位。在最里边，胜利女神的雕像庄严地摆放在会议主席讲坛的上方。两处翻新的浅浮雕展示着皇帝图拉真的善举：取消苛捐杂税并销毁过去的记录，设立食品援助机构以给予贫困儿童食品援助。元老院前面的空间被称作"户外集会场"（Comizio），此处铺就的**黑色大理石**（Lapis Niger）上隐藏着罗马最古老的神庙之一。一条公元前6世纪的拉丁铭文警告着在此渎神的人。这里可能原是为武尔坎（罗马神话中的火神与冶炼之神）修建的神庙，传说罗慕路斯也在这附近失踪了。

塞维鲁凯旋门的左侧是**古罗马演讲台**（Rostrum）❹遗址，这里曾经是演说家们对公众发表讲话的地方。演讲台被称为"Rostra"，是因为过去人们常用从敌人手中缴获的战舰上的舰首（rostra）装饰它。在凯旋门和演讲台之间，一个砖砌的圆锥形建物——**罗马之脐**（Umbilicus Urbis）——标志着神圣的源头。这个位置起初有罗马建城之时挖的一个洞，是传说中连接阴阳两界的通道。新城的每个成员都会往洞里扔一把原属国的土，以此来证明自己有

彻底加入新集体的意愿。在演讲台另一侧的尽头，奥古斯都竖立起来的**金色里程碑**（Miliario Aureo）标志着罗马帝国道路理论上的起点。旁边的八根柱子源自**农神庙**（Tempio di Saturno），它约建于公元前497年，守护着城市的财富。12月末的农神节是一个纵情狂欢的节日，甚至允许主人和奴隶交换社会角色。在农神庙后边，是建造于公元前367年、背靠卡比托利欧山的**协和神庙**（Tempio della Concordia）遗址，神庙为庆祝贵族与平民之争的结束而建。**维斯帕先和提图斯神庙**（Tempio di Vespasiano e Tito）的三根柱子是为了祭奠死后神化的两位皇帝，而**十二主神柱廊**（Portico Dii Consentes）的十二根圆柱很可能代表着奥林匹斯十二主神。

演讲台前，广场中心于608年修建的**佛卡斯圆柱**（Colonna di Foca）是古罗马广场所建的最后一个荣誉性建筑，用以纪念拜占庭帝国皇帝佛卡斯，感谢他将万神殿改为教堂。接下来我们沿着**朱里亚巴西利卡**（Basilica Giulia）前行。它由恺撒于公元前54年下令修建，不远处就是恺撒神庙。恺撒是第一位死后被神化的罗马皇帝。走过维库斯图斯库斯（Vicus Tuscus）街（又名伊特鲁里亚大街），就会看到**卡斯托尔和波吕克斯神庙**（Tempio dei Dioscuri）的三根柱子。传说在雷吉鲁斯湖畔对战拉丁人期间（公元前496年），罗马人的阵营中突然出现两名天降骑兵，引领军队取得了胜利；几乎在同一时间，两名骑兵在古罗马广场上宣布了胜利的消息，然后他们在泉水、水井与水源女神掌管的泉眼——**朱图尔纳**

狄俄斯库里兄弟（卡斯托尔和波吕克斯）是宙斯与丽达所生的双胞胎，被视作贵族的守护神。如今，这对古代神明兄弟牵着烈马的雕像矗立在卡比托利欧山与奎里纳尔山的广场上。

喷泉（Fonte di Giuturna）——饮马之后，竟谜一般地消失了。罗马人最终认出这两名骑兵是卡斯托尔和波吕克斯，便在喷泉旁就地为他们修建了一座神庙。

在返回圣道的路途中，我们会经过**贞女之家**（Casa delle Vestali），贞女之家紧挨着**灶神庙**（Tempio di Vesta）❺。神庙内供有罗马城永恒的"圣火"——象征其他所有火种，也是维斯塔女灶神（Vesta）的化身。为保证圣火永不熄灭，古罗马人会专门安排六位女祭司或称维斯塔贞女（Vestali）在旁照

灶神庙已经历多次重修，但一直保持着最初的圆形结构，不禁让人想起原始的茅屋。

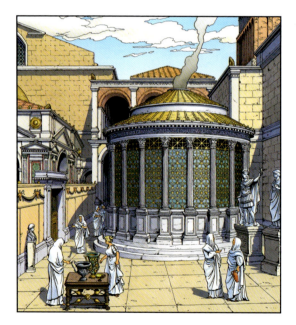

看。这些供奉女灶神的贞女都选自贵族家庭中6—10岁的女孩。她们必须纯洁、无瑕，在履行圣职的30年（10年教化培训、10年实践操作、10年教授他人）内要保持处女身。倘若失去

贞操，贞女面临的就是被活埋的下场，因为不允许她们流血；反之，如果恪守教规，她们在社会中则享有很高的声誉。

灶神庙对面是**雷吉亚圣殿**（Regia）遗址，以前是皇室居所，后来变为大区首领，即大祭司长的住所。里面曾有十二神盾，又称"8"字形盾（其中一块盾牌被认为是从天而降的圣物，另外十一块则是它的复制品），这些盾牌由古罗马十二位战神祭司保管。三月份战争季节开始，战神祭司会踩着圣歌的节奏跳舞，敲打神盾以激发士兵们的神圣斗志。

现在我们回到圣道上，对面是**安东尼和福斯蒂娜神庙**（Tempio di Antonino e Faustina）。神庙建于141年，由皇帝安东尼·庇护献给妻子福斯蒂娜。神庙曾在8世纪被改为教堂（米兰达圣洛伦佐教堂），从而得以保存至今。就在旁边还出土了四十来座可以追溯到铁器时代的坟墓。右转进入圣道，会途经**罗穆卢斯神庙**（Tempio del Divo Romolo），这座神庙专为马克森提乌斯之子罗穆卢斯所修建。在左边，你会看到壮观的**马克森提乌斯和君士坦丁巴西利卡**（Basilica di Massenzio/di Costantino）❻。这座巴西利卡的修建始于306年，从马克森提乌斯一直到君士坦丁时期才完工。占地面积约6500平方米，巴西利卡中殿长80米，屋顶高35米，整个建筑仅用八根大理石圆柱支撑。半圆形后殿里矗立着巨型的君士坦丁大帝雕像，雕像遗存的部分——2.6米长的头

马克森提乌斯和君士坦丁巴西利卡

凯旋门是象征着皇帝荣耀的纪念性建筑物。最初用木头、帆布或者带叶子的树枝建成，获胜的军队在进入城邦前需要从门下通过，以此清除所携带的破坏性力量。

颅，2米长的足部——如今在卡比托利欧博物馆展出。建筑现存的部分只有北侧殿，其中带藻井的华丽拱顶启发了文艺复兴时期的建筑师。

圣道通往**提图斯凯旋门**（Arco di Tito）❼。这座凯旋门是在皇帝提图斯去世后，为了庆祝其于公元70年战胜犹太人而建。拱门内侧两处巨大的浅浮雕展示了当时的胜利情景：在南侧，我们看到随行人员满载从耶路撒冷圣殿带回的战利品从凯旋门下经过，其中尤其引人注目的是银号角与犹太教七枝烛台；在北侧，提图斯以胜者的姿态站

在二轮战车上，等待被胜利女神加冕。在拱门中间，一处浅浮雕展示了雄鹰将提图斯带向空中的场景，象征其死后化为神祇。

19

帕拉蒂诺山上的皇帝居所

要想登上**帕拉蒂诺山**（Palatino）❽，那就在提图斯凯旋门前面右转，沿着帕拉蒂诺斜坡上行（想缩短行程的人可以直走前往罗马斗兽场）。这里应该就是罗慕路斯被冲上岸边，并在之后创立罗马的地方；当人们在这里发现铁器时代的小屋痕迹以及公元前8世纪的堡垒墙面遗迹时，传说与历史在此汇合。正因如此，人们将罗马城的发源地和罗慕路斯小屋（Casa Romuli）定位在帕拉蒂诺山丘的西南角。自奥古斯都决定在此建立行宫后，帕拉蒂诺山成为帝国权力集中地。其后，所有的皇帝都居住在此，提比略、尼禄、特别是图密善，1世纪末他在山丘的整个东南区域建造了一座奢华至极的宫殿。宫殿在安东尼王朝和塞维鲁王朝时期又得到了扩建。

然而从3世纪开始，皇帝们几乎不再定居罗马，帕拉蒂诺山进入衰退期，日渐荒芜；中世纪时期，山丘被弗兰吉帕尼（Frangipani）家族改建为一个堡垒；文艺复兴时期，法尔内塞家族在此设计了漂亮的花园，花园装饰有喷泉、鸟舍以及一些雕像。那也是一个野蛮挖掘和文物盗窃非常猖獗的时代。"科学的"考古挖掘要到1860年才开始，并一直持续到现在。

帕拉蒂诺斜坡将我们带到图密善宫（Palazzo di Domiziano），这里是自1世纪末到帝国衰落时期皇帝们的官方居所。整个宫殿群占地5公顷，拥有丰富多样的雕像、马赛克画、壁画、水池等装饰品；宫殿群包括一栋专用于官方庆典的建筑，即弗拉维安宫，以及皇帝的私人居所——奥古斯塔纳宫（Domus Augustana）。奥古斯塔纳宫是环绕列柱中庭而造的双层建筑，边上延伸出一个竞技场（stadio），顺应当时富裕人家建造别墅的潮流，建成类似跑马场形状的花园。

在西里欧山，高大的松树像是阳伞一样遮掩住教堂；欣赏过山间的风景后，可以看一眼竞技场，它长160米，皇帝曾在那里的树藤和玫瑰花丛中散步，马匹也曾在那里奔跑撒欢；然而，根据《殉教者行传》（Acta Martyrum），圣塞巴斯蒂安也可能在这里殉道。东南方向仍留存着塞维鲁建立的浴场及宫殿遗址。沿着竞技场走，在右侧将会看到奥古斯塔纳宫列柱中庭里的水池，干涸的池底残留着盾（半圆形的阿玛宗女战士盾）形的美丽图案。回到宫殿尽头的平台，俯瞰便是马克西穆斯竞技场。对面是阿文提诺山，公元前494年，平民阶层在那里组织了"和平撤离运动"，如今这里变为十分宜居的居住区。在联合国粮食及农业组织的现代大楼左侧，可以看到卡拉卡拉浴场。

"帕拉蒂乌姆"（Palatium）这一原本指代山丘的名词最终被用于指代帝王居住的"宫殿"，这也是"palazzo"在日常用语中代表"宫殿"的起源。

　　马克西穆斯竞技场（Circo Massimo, 意为最大的竞技场）曾经是古罗马最大的竞技场（面积超过 12 万平方米）。那时候，罗马人对二轮马车比赛有着巨大的热情，这个竞技场主要用来赛车。在 1 世纪，它能容纳 15 万名观众；到 4 世纪时，已经可以容纳 25 万人以上。竞技场的中间区域有各式神龛、小祭台与战利品饰物等，其中曾经包括拉美西斯二世及图特摩斯三世方尖碑（分别被教皇转移到了波波洛广场及拉特朗圣若望广场）。竞技马车通常是四马二轮车（由四匹马牵引），由一名御者驾驶。战车被涂上蓝色、绿色、白色及红色（分别代表四支队伍）中

任意一种颜色。出发号令由位于荣誉包厢或者圣席（一块背靠帕拉蒂诺山的区域）的赛事主席发出。参赛马车需要在赛道上跑七圈，每圈 340 米。人们会用七只青铜蛋和七只青铜海豚计数。为了赢得比赛，御者应当尽可能紧靠跑道内圈镀金的青铜器绕圈，但也要当心碰到内圈的器物导致车轴破裂。获胜者会在大家的喝彩中戴上桂冠。

　　从左侧穿过**弗拉维安宫**（Domus Flavia），会绕到**帕拉蒂诺博物馆**（Museo Palatino）。弗拉维安宫只有一层，被列柱中庭分为了两个部分：其中一侧是皇宫大厅（aula regia），大厅

这些公众竞技活动曾披有一层宗教外衣：为取悦诸神，神灵雕像会跟随仪仗队被带到赛场。不过，当皇帝与贵族为赢得大众支持而准备豪华的演出时，这一神圣的特质就逐渐淡化了。

两边分别为议事厅和家庭小礼拜堂；另一侧为宴会厅。宫殿里有两个喷泉：其中一个可以看出是椭圆形，正对着一间躺卧餐厅（triclinium）；稍远一些，另一个看起来错综复杂的八边形喷泉位于列柱中庭正中间。皇帝图密善出于对刺客的恐惧，特命人在列柱中庭的墙面上覆盖一种异常光滑的大理石，如此便可通过镜面反射监视来访者（但还是没能阻止他最终在自己的卧室被刺杀）。

现在我们从左边的分路走，去看看山丘的西面。映入眼帘的是南部的**奥古斯都旧居**（Casa di Augusto），他的妻子利维娅的旧居（Casa di Livia）也涵盖在内；除此之外，还有阿波罗神庙、库柏勒神殿以及罗慕路斯村的小房屋。这一带一度因施工不对外开放。2008 年，奥古斯都旧居重新向公众开放，作为皇帝的居所，这里显得相对低调，但里面的壁画十分出彩。

走北面的楼梯前往**法尔内塞花园**（Orti Farnesiani）。花园建在提比略宫的遗址上，于 16 世纪建成。路过的时候注意观察，地下有一座涂有粉饰灰泥的长廊，连接着帝国的建筑，那便是**隐廊**（Criptoportico）。穿过法尔内塞花园会到达西北角的露天平台，可以看到整个古罗马城市中心的全景。接着，经过花坛和鸟舍，顺着阶梯下行，来到长满苔藓的**宁芙神庙**（Ninfeo），之后朝偏右的方向行走，再朝左转就到提图斯凯旋门了。

圣道延伸通往罗马斗兽场，途

中会经过罗马城最大的神庙——**维纳斯和罗马神庙**（Tempio di Venere e Roma）❾——遗址。它于 135 年建成，包括两个小殿：一个为罗马女神修建，面向古罗马广场；另一个为维纳斯而建，面向罗马斗兽场。10 世纪时，它的一部分被并入了圣方济加教堂（Basilica di Santa Francesca Romana）。

罗马斗兽场周边

皇帝维斯帕先为显示其对嗜好观看表演的罗马人民的慷慨仁慈，倡议废除尼禄据为己有的广袤土地，填平属于尼禄豪华金宫（参见 68 页）的人工湖，将其改建为一个公共娱乐场——弗拉维圆形剧场。剧场在公元 80 年提图斯时期建成；当时罗马人举行了长达 100 天的盛大庆祝活动，宰杀了 5000 只牲畜。自中世纪起，剧场被称为**罗马斗兽场**（Colosseo）❿，名称源于旁边太阳神索尔的巨型青铜雕像（"colosseo"的原义即"巨大的"）。雕像高 35 米，由尼禄雕像改造而来，哈德良于 2 世纪命人将其搬至剧场附近。

如果要想象罗马斗兽场当年的样子，你可以看看斗兽场的北侧，那里保存得最为完整。斗兽场是一个椭圆形的场地（长轴为 188 米，短轴为 156 米），围墙约为 50 米高。外圈由石灰华构成，由壁龛中的雕像以及高处的盾牌装饰。斗兽场内共有 240 根墙柱，用来为观众支撑起可遮风避雨的巨大看台。底层的 80 个拱被编上了号码（今天仍能看到雕刻的数字），就像预

哈德良亲自为维纳斯和罗马神庙绘制平面图。希腊建筑师大马士革的阿波罗多洛斯的尖锐批评触怒了哈德良，哈德良很可能故意害死了这位建筑师。

订座位的号码牌一样，能让观众更快捷地找到位子。斗兽场还有一些被称为"vomitoria"的大型通道，有助于人群的快速入场与疏散。

斗兽场内部包含三个部分：占地超过 3000 平方米的角斗场，那里会举行各类演出；阶梯座位可容纳 5 万多名观众的看台；两个供皇室成员及达官贵人使用的包厢。整个角斗场底部覆盖着一块大地板和沙子，用来吸收野兽的粪便和血液。1 世纪 80 年代，图密善在角斗场下方建了一些走廊，以此来连通地下室——野兽及角斗士都从这里出场——或者安置更换搏斗布景（有时很华丽）时需要的机械设备和饰物。我们今天所看到的这些地下走廊已经过多次整修。

斗兽场入场通常免费，但座位的分布极为严格：前排为统治阶层的座席，向上依次为骑士及普通平民席，再往上的平台是给下等人准备的。自从奥古斯都颁布法令，表示男女不得混坐，这样更合妇道后，妇女就只能去顶层观看。表演通常都会根据一个固定的节目单进行：早晨是人兽搏斗及野兽角斗（在人与兽或者不同野兽之间进行）；午饭饭点穿插罪犯处决（通常把犯人喂给猛兽）；下午则为角斗士对决。观众最喜欢看的就是人兽搏斗，因为这些异域野兽（包括狮子、豹、大象、犀牛等）展现出罗马人征战疆域之辽阔，其次是角斗士对决。

由于基督徒皇帝强令禁止，最后一场角斗士搏斗于 410 年左右结束。523 年组织了最后几场动物之间的搏斗。圆形剧场后来变为居住区，之后又被改为堡垒，最终沦为采石场。后来多亏教会回收了这座建筑，在斗兽场新建了一个礼拜堂并新修了一条朝圣"苦路"。19 世纪时，斗兽场得以重修。

罗马斗兽场的东边矗立着**君士坦丁凯旋门**（Arco di Costantino）。君士坦丁大帝于 312 年在米尔维安桥击败其劲敌马克森提乌斯，凯旋门是为庆祝其胜利而修建的。它的特别之处在于从过去的一些纪念性建筑中汲取了大量元素，如图拉真广场（饰带上方的 8 名达契亚囚犯雕像）、哈德良广场纪念浮雕（8 个金币形浮雕，上面有搏斗与祭祀的画面），以及马可·奥勒留圆柱（上方的 8 个浅浮雕）。君士坦丁大帝这样做是为了使自己跻身伟大的罗马皇帝之列，还是为了方便易行，鉴于那个时代艺术

角斗士的一生

角斗士搏斗源于一种古老的丧葬风俗，即为了纪念一位英勇的死者，要在其坟墓上杀死其侍者以献祭，或者举行决斗以表现死者的绝望。

　　角斗士中除了一些死囚，大多是自愿加入的奴隶或是自由人。他们通常通过签约加入，由"经纪人"培训（在罗马斗兽场旁边有四所角斗士培训学校）、出租，甚至卖给有兴趣组织演出的投资人。根据每一位角斗士的能力会给予他们不同的角色：第一类追击斗士（secutor）戴着头盔，手持大盾牌和剑，左腿还有护腿铠甲；第二类是网斗士（reziario），仅以三叉戟与网为武器，借此套住对手；第三类是色雷斯角斗士（trace），他们头戴头盔，手持小型盾牌及短弯刀。在音乐声中，不同类别的角斗士开始对决。过程中常有角斗士丧命，如果没有当场毙命，其中的一员会认输，并举起手请求宽恕。角斗士的命运通常取决于组织者，有的是暴君（如1世纪的克劳狄一世），有的是贪得无厌的财主（如果角斗士被杀，就得支付角斗士身价百倍的钱给他的经纪人），但尤其取决于大众的反应。他们的拇指竖起来表示宽恕，如果拇指朝下则表示杀死。如果是杀死的情况，获胜者会将武器直接刺入失败者的咽喉。这时保持无所畏惧是相当荣耀的事情。取得对决胜利后，胜者会获取一笔金币作为奖金。有些角斗士就此获得自由和名气。但他们很少有人能活过30岁。

网斗士几乎赤身裸体地参加格斗，相对于有着良好却沉重装备的角斗士（如色雷斯角斗士），他们的速度占上风

皇帝马可·奥勒留营营地里三牲献祭
（Suovetaurilia）的场景

三牲献祭是一种
祭祀仪式，其间
宰杀一头猪、一
头羊、一头公
牛（拉丁语分别
为"sus""ovis"
"taurus"）作为
祭品。古罗马人
会专门在军队上
战场前的净礼仪
式中进行祭献，
场景就像我们在
君士坦丁凯旋门
以及图拉真柱上
看到的那样。

名副其实的博物馆）、内尔瓦广场，最
后还有一个更加恢宏的建筑物——图
拉真广场。皇帝们渴望在城市中心留
下威名，因而不遗余力倾注自己的财
物与战利品。

　　如果要从罗马斗兽场走到图拉真
广场，可以先从帝国议事广场大道右
侧的阿希里欧斜坡（Clivo Acilio）径
直走到一个小观景台，从另一个角度
观察广场。然后从楼梯下来朝帝国议
事广场的游客咨询中心走，你会看到
一个展区，里边有建筑模型、影像资
料，并免费提供帝国议事广场的宣传
册。走过加富尔（Cavour）街后，继续
沿着阿雷桑德勒那（Alessandrina）街
走；也可以直接走帝国议事广场大道。
之后沿着内尔瓦广场（Foro di Nerva）⓫
的右边行走，广场内原本有密涅瓦神
庙，为兴建帕欧拉喷泉（参见127页）
便将它拆毁了，但围墙上仍有少部分
与密涅瓦相关的浮雕。接下来进入奥
古斯都广场（Foro di Augusto）⓬，这里
也有战神复仇者神庙（Tempio di Marte
Ultore）的遗址，神庙在奥古斯都处死
谋杀自己养父恺撒的凶手后修建而成。
后方筑起一堵高大的围墙以保护这个
新广场，让其免受贫穷且声名狼藉的
苏布拉街区的侵扰。

　　图拉真广场（Foro di Traiano）⓭ 是
帝国议事广场群中最为宏大的广场。
它之所以如此壮观，不仅得益于罗马
人从对阵达契亚（今罗马尼亚）的
战争中带回来的可观战利品，也是杰
出建筑师、大马士革的阿波罗多洛

家在罗马较为罕见？在罗马斗兽场和凯
旋门之间，我们可以看到提图斯下令修
建的**迈达苏丹（Meta Sudans）**喷泉的
砖砌地基，这原本是一个圆锥形喷泉，
泉水从里面渗出来。

穿越帝国议事广场

　　随着罗马的崛起，古罗马广场
上建筑也越来越多，空地变得十分紧
缺。公元前54年，恺撒大帝兴建了
一个新广场：广场四周为柱廊，高处
坐落着维纳斯神庙（Tempio di Venere
Genitrice），献给"维纳斯母亲"（恺撒
声称自己是埃涅阿斯的后代）。其他皇
帝出于城市规划及提升威望的考虑而
效仿恺撒。1世纪末，古罗马广场与奎
里纳尔山丘斜坡之间的整块空地为五
个新广场所占领：恺撒广场、奥古斯
都广场、和平广场（或和平神庙，维
斯帕先将它视为一座被花园包围的、

斯（Apollodore de Damas）规划的结果。至今仍能看到壮观的市集废墟及耸立在废墟上的宏伟的图拉真柱（绕着景观走一圈，可以更好地欣赏圆柱和整个市集）。广场于 107—113 年修建，它的一部分还掩藏在道路和花园下面，包含巨大的庭院、柱廊、乌尔比亚巴西利卡及两座图书馆（一座希腊图书馆、一座拉丁图书馆）。背靠奎里纳尔山的十来家商铺，在广场上方组成了半圆形的阶梯市集。**图拉真柱**（Colonna Traiana）就在两座图书馆之间

图拉真广场。左边坐落着乌尔比亚巴西利卡（是罗马有史以来最大的巴西利卡），上面装饰着图拉真的雕像群以及他在凯旋仪式中乘坐的四轮马车。广场中央是图拉真的骑马雕像。实用性建筑群呈阶梯状坐落在山丘上，被称为"图拉真市场"，包括很多商铺以及两个为学校或者会议所用的大厅。

升起，可以在平台上观察柱子上的浮雕。柱身遍布雕塑、浅浮雕、绘画等各式各样的装饰，宣告着图拉真取得的胜利。

总高度达45米的图拉真柱在古代可谓登峰造极，顶上立有图拉真的雕像，象征皇帝死后神化。117年图拉真去世，他的骨灰被置放在柱座里面。他也是第一位被埋葬在罗马城界内的皇帝。图拉真的骨灰失踪后，教皇下令用圣彼得的雕像代替"最佳领袖"（Optimus Princeps）图拉真的雕像。

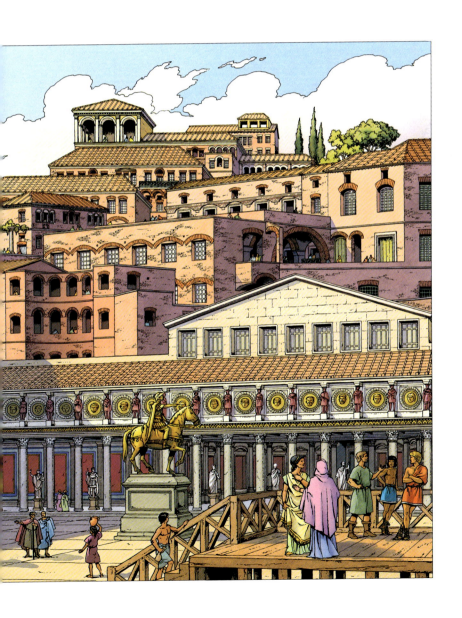

EUR[1] 版本的古罗马

方形角斗场（意大利文明宫）于1938—1943年修建，它是EUR区最具标志性的建筑物。现为意大利时尚品牌芬迪（Fendi）的总部所在地。

罗马文明博物馆（Museo della Civiltà Romana）坐落在EUR区，这是一座规模宏大的博物馆，保存着众多建筑模型（包括占地240平方米的罗马帝国模型）、铸型（包括长200米的图拉真柱饰带和2500多个人物）及复制品（包括与原作一样大小的凯旋门）。这里是了解罗马及帝国历史的不二选择；同时也可以利用这个机会探索EUR区，它与古罗马广场地铁站只相隔几个站（乘坐向南行驶的B号线）。法西斯浮夸的现代派设计与古典元素在这里相逢：宽敞的街道两旁云集几何状的、对称的、巨大而冷冰冰的建筑，高大的柱廊伸向赤裸的天空，由狄俄斯库里兄弟守卫的"方形角斗场"就像一幅基里科（Chirico）的画作。EUR区始建于1937年，为迎接1942年罗马万国博览会及纪念墨索里尼上台20周年而规划，设计师是著名建筑师马尔切洛·皮亚琴蒂尼（Marcello Piacentini）。这个理想化的城区原本是为了彰显"第三罗马"向海边扩建的计划。由于二战，那届博览会并未举办，有些建筑物甚至到1950年才建成。不过建成的意大利文明宫、马可尼广场及周边的一些建筑物（其中一些还藏有其他有趣的博物馆，比如国立艺术与民俗博物馆）构成了令人惊叹的建筑群。它们见证着意大利法西斯恢复神圣罗马帝国的企图。周围还可以看到湖泊、绿地［有游乐园及乔利蒂冰激凌店（Giolitti）］，为1960年罗马奥运会所修建的体育馆以及圣彼得与圣保罗教堂（Chiesa dei Santi Pietro e Paolo）。

图拉真柱图案细节：达契亚人在萨尔马提亚人（穿着铁质及皮质铠甲）的帮助下，试图袭击罗马士兵的营地

---

1 EUR 即 Esposizione Universale di Roma 的缩写，意为罗马万国博览会。

昔日的色彩早已褪去：树木不再葱郁，皇帝宽大的战袍外套也不再鲜红。然而，环绕在 30 米高的柱身上的饰带浮雕仍值得仔细探索。上面总共刻画了 2500 多个人物、155 个场景，永恒地讲述着图拉真对战达契亚取得的胜利及罗马军队的生活：跋山涉水（雕刻着多瑙河河神巨大的头颅）、战时会议、净礼献祭（一头猪、一头羊及一头公牛）、安营扎寨，还有同蛮族的冲突、战争的胜利、战败者的投降，以及罗马化过程中的善行。要想继续这场探索，最好备一个双筒望远镜；或者也可以前往罗马文明博物馆，在那里欣赏拿破仑三世于 1861 年下令制作的图拉真柱的铸型。（参见上一页"EUR 版本的古罗马"）

马格纳波利（Magnapoli）街的阶梯领着我们前往**帝国议事广场博物馆**（Museo dei Fori Imperiali）。博物馆坐落在图拉真市场（Mercati di Traiano），被布置得十分漂亮。考古爱好者们大概会对馆内的展品（有意大利文和英文标牌）很有热情。整个广场绝对值得游览，有古代小街巷、中世纪民兵塔以及各种小景点。

图拉真柱及广场上的一座图书馆

亚壁古道

迈上被松柏包围的亚壁古道（Via Appia），漫步于坟墓与地下墓穴、废墟与传说之间，这段旅途令人浮想联翩。整个古罗马的历史都从古道穿行而过：这里也见证着帝国征战与变化的不同时期；斯巴达克斯起义的奴隶也在这里被钉死在十字架上；奥古斯都时代的圆形陵墓及帝国后期的豪华别墅也修建在此；圣彼得、圣塞巴斯蒂安还有最初的基督教徒也曾经过这里。当房屋、车辆越来越少时，我们缓缓走上古代的大石板路，几乎要忘却身处的时空；直到我们登上小山丘，看到田野尽头安装着电视天线的廉租房勾勒出的白色线条，才回过神来——杂乱无章的历史印记，异教徒与基督教徒共处一地，城市与乡村打破界限，这才是真正的罗马！

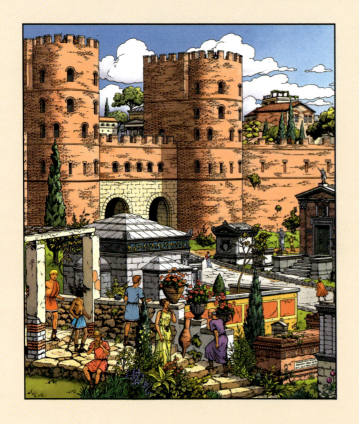

亚壁门及亚壁古道

亚壁古道是罗马第一条大道，古时称"道路女王"（regina viarum）。古道于公元前 312 年启用，最初用于连接罗马城和卡普阿城；在公元前 190 年时延伸到布林迪西。它是当时与南部及东部省份进行贸易往来的必经之路。路面由 4.1 米宽的玄武岩石板铺成，宽度保证车辆在任何时间都能双向行使。为保证排水顺畅，古道两边挖了壕沟，还有为行人铺设的压实道路。每罗马里[1]都设有里程碑，标示与罗马城的距离。沿路还有许多驿站和旅舍。当时法令禁止在神圣城界内埋葬死者，但出于引

---

1 1 罗马里约为 1482 米。

起生者关注的目的，罗马人将越来越多的墓地修建在人员往来最频繁的道路两旁，亚壁古道实为不二选择。

还有很多豪宅沿路而建，比如马克森提乌斯别墅、昆蒂利尼家族的别墅。4世纪起，几座大教堂修建在了殉道者的坟墓旁，这里变成了朝圣之地。中世纪时，许多堡垒又修筑在了古罗马废墟上。为了保护这处具有考古价值、历史价值以及植物学研究价值的遗产，1988年兴建了亚壁大道地区公园。自3世纪开始，在亚壁古道与罗马城之间修了亚壁门，现为**圣塞巴斯蒂安门**（Porta San Sebastiano），它还保有6世纪的样子，是罗马城门中保存最完好的。城门里有**罗马城墙博物馆**（Museo delle Mura），进入馆内，你可以在城墙上漫步。在距离城门100米的地方，我们可以看到墙上镶嵌的亚壁古道第一块**里程碑**（Pietra Miliare）的复制品（原作在卡比托利欧广场）。亚壁古道在阿德提纳（Ardeatina）街与**塞西莉亚·麦特拉陵**（Mausoleo di Cecilia Metella）之间的这段路上景点最为丰富，但只有工作日允许车辆通行。

关于这里的**主往何处去教堂**（Chiesa del Domine Quo Vadis），传说当年圣彼得为躲避尼禄的迫害，逃离了罗马，走到教堂所在地时，他碰到了基督，使徒问他："主啊，你往哪里去？"（Domine, quo vadis？）古道旁还有三座大型基督教地下墓穴向游人开放，最引人注目的当数**圣塞巴斯蒂安墓窟**（Catacombe di San Sebastiano），这座墓窟由三座异教徒的地下墓穴演变而来；但圣塞巴斯蒂安墓窟观光人数不及**圣加理斯都墓窟**（Catacombe di San Callisto），不过它比**多弥蒂拉墓窟**（Catacombe di Domitilla）离古道更近。如果工作日想要步行去参观，可以借亚壁古道和阿德提纳街之间的路前往，反而更加惬意。离这些巴西利卡和地下墓穴不远的左侧，我们会看到马克森提乌斯别墅的废墟，包括一座皇家宫殿、一个竞技场（罗马城中保存最完好的）、一座皇陵。更远的地方有塞西莉亚·麦特拉陵的巨型圆塔，14世纪时被改为堡垒。这座陵墓建于公元前1世纪末，檐壁装饰有花环及牛头骨，象征着向诸神的献祭。对面的**巴里的圣尼古拉教堂**（Chiesa di San Nicola di Bari）是卡塔尼（Caetani）家族修建的，罗马城内很少见到类似的哥特式建筑。过了塞西莉亚·麦特拉陵，延伸到卡萨尔堡的这段路（约3罗马里，即4.5千米处），可以说是此行中最浪漫的一段路。整个古道由石块铺成，路边长满了松柏，各种形式的墓葬遗迹绵延不绝。除了这些地标，还有一座奢华的**昆蒂利尼别墅**（Villa dei Quintili）废墟值得一看，包括竞技场的遗迹、一座蔚为壮观的宁芙神庙以及彩色大理石砌成的豪华浴池。

在雅克·马丁的漫画《斯巴达克斯之子》（*Le Fils de Spartacus*）中，提及斯巴达克斯于公元前73—前71年领导的奴隶起义运动。起义军最终被击溃，约6000名俘虏被钉死在亚壁古道罗马至卡普阿（一些起义由此开始）沿途的十字架上。

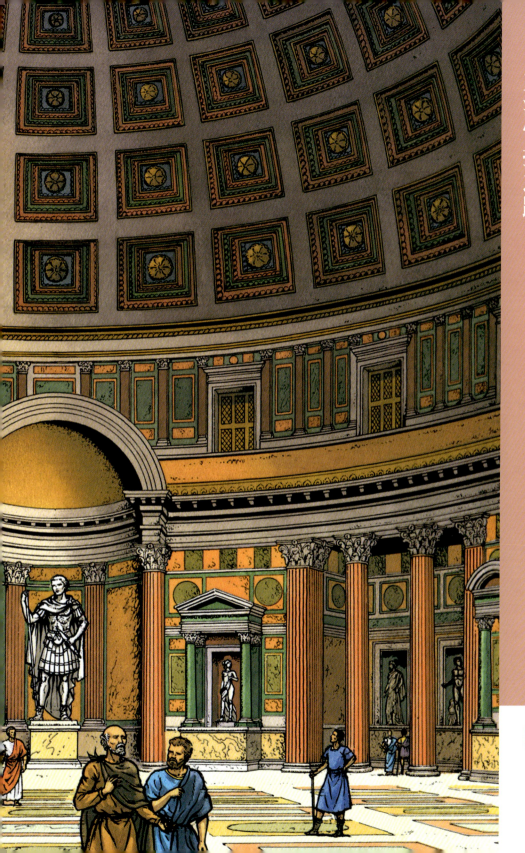

重温恺撒之路 万神殿及其周边

路线

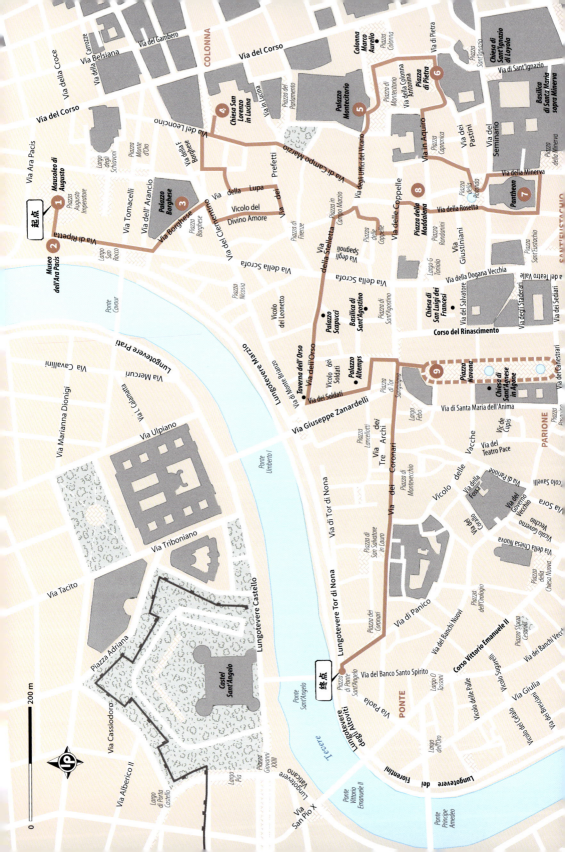

起点：奥古斯都大帝广场（奥古斯都陵墓前方）

终点：圣天使桥广场（正对曾经的哈德良陵墓）

游览须知：此条线路不长（游览大约需要两小时），适宜在任何时段游览。如果你还想去咖啡店、作坊或者商店逛逛，或前去参观令人惊叹的阿尔腾普斯宫，这次漫步就可以无限延长。

重温恺撒之路

万神殿及其周边

❄ 战神广场地处罗马城界与台伯河之间，很长一段时间都被用作军队练兵场及体育赛事场地；后来，包括庞培和恺撒在内的一些显贵在战神广场南面修建了一个竞技场、几座剧院还有其他建筑物，北面却一直很空旷。之后又有许多罗马英雄被安葬在北面的神圣森林中。

屋大维在战胜安东尼、征服埃及后，于公元前 28 年在广场北面兴建了一座壮观的皇家陵墓，比他的大将军阿格里帕建造万神殿还要早一些，而万神殿就在皇陵以南 600 米处。公元前 9 年，屋大维设立了一个献给和平女神的祭坛以炫耀自己的功绩，祭坛差不多处于皇陵与万神殿正中。在附近，屋大维还立下一座方尖碑作为日晷，每年的 9 月 23 日，方尖碑的阴影正好落在和平祭坛中央，这一天也是他的生日。此举传达的信息十分清楚：我，奥古斯都[1]，开启了一个新纪元。2 世纪初，哈德良重建了万神殿，并且在台伯河对岸修建了一座与奥古斯都陵墓呼应的皇陵。这条游览线路将带你穿梭于两大陵墓之间，探索罗马城内保存得最好的建筑物、中世纪塔楼以及文艺复兴时期或巴洛克时期的宫殿和教堂。我们将在迷宫一般的街道中曲折前行，途中会邂逅手工艺店、古董店或奢侈品店，以及作为古罗马政治生活中心的大广场，还有一些如沙龙般的封闭式小广场，广场上有许多餐馆、咖啡馆和小市集，氛围极好。

➊ 奥古斯都陵墓   ➍ 卢奇娜的圣洛伦佐教堂   ➐ 万神殿

➋ 和平祭坛博物馆   ➎ 蒙特奇特利欧宫   ➑ 玛达莱纳广场

➌ 博尔盖塞宫   ➏ 彼得拉广场   ➒ 纳沃纳广场

---

1 公元前 27 年，屋大维被元老院赐封为"奥古斯都"（意为神圣伟大）。

奥古斯都陵墓与和平祭坛

屋大维在亚历山大港看到亚历山大大帝陵墓及伊特鲁里亚坟墓后，受到启发，下令修建了巨大的圆形建筑——**奥古斯都陵墓**（Mausoleo di Augusto）❶。陵墓上种植了针叶树木，墓顶竖立着奥古斯都（公元前27—公元14年在位）雕像。整个1世纪期间，这里都是皇室的陵墓。奥古斯都陵墓面朝南，两根壁柱分立大门两侧。壁柱的青铜板上刻着奥古斯都的自传——《功业记述》（Res Gestae），还有一份复制品保存在和平祭坛博物馆底层，位于里佩塔（Ripetta）街一侧。陵墓入口处矗立着两座古罗马时期的方尖碑，不过后来它们分别被教皇转运到圣母大

殿和奎里纳尔喷泉上。中世纪时，奥古斯都陵墓被改造为要塞，之后又被用作各种活动，直到1938年被国家收回。修缮工程在墨索里尼的支持下进行，因为当时的他无时不想成为新时期的"奥古斯都大帝"。他还下令修复在陵墓对面的和平祭坛，同时整修奥古斯都大帝广场及其周边，这一政治艺术旨在让法西斯时期的罗马更接近于古罗马。

自2005年起，**和平祭坛**（Ara Pacis）被放置在玻璃匣子一般的**和平祭坛博物馆**（Museo dell'Ara Pacis）❷里，如此呈现在世人面前。博物馆由美国建筑师理查德·迈耶（Richard Meier）设计，旨在保护这一罗马雕塑作品中的瑰宝。为庆祝奥古斯都从西班牙和高卢凯旋及其胜利为帝国带来的和平，公元前13年，元老院投票决定将和平祭坛建在奥古斯都陵墓东南方向300米处，靠近弗拉米尼亚大道［Via Flaminia，现为科尔索大道（Via del Corso）］。祭坛后来在台伯河洪水中被掩埋到河流沉积物下，16世纪在卢奇娜（Lucina）街修建宫殿时，人们重新发现了它的一些碎片。然而直到1937年，人们才通过各种科学手段（如加固地下土壤以防坍塌）在地下找回和平祭坛尚存的部件，并于1980年展开修复工作。这件奥古斯都时期的杰出艺术品值得我们走近观看，欣赏那些一度是彩色的雕塑的细节。

奥古斯都陵墓是奥古斯都及其养父恺撒所属的尤利亚（Julia）氏族的永恒象征。其陵墓为已知最大的圆形皇陵，直径长达87米（哈德良陵墓直径为64米）。

和平祭坛：为宣传功绩而造的杰作

和平祭坛外墙上延伸出植物形装饰，那些叶饰旋涡发端于一株象征不朽与复活的老鼠簕。我们可以在外墙浮雕中找出 70 种不同类别的植物，它们"长"出的新芽昭示着这里的肥沃与生机勃勃。小动物们（蜗牛、蜥蜴、蝎子、蛇……）以及天鹅使这非凡的构图充满了韵律，象征回到黄金时代的愿景随着奥古斯都的登基即将到来。在正门周围，浮雕中的神话场景让我们想起帝王所倚仗的显赫神明（如罗慕路斯、雷慕斯和他们的战神父亲玛尔斯，维纳斯的儿子埃涅阿斯正打算献祭一头母猪）。另一个入口被和平女神与罗马女神浮雕包围（快乐的和平女神被小孩和年轻女子簇拥着，其中一名女子骑在海龙上，另一名坐在天鹅上，分别象征陆地与天空）。在侧面墙的浅浮雕上，我们可以看到整个皇室行进在随行人员中间的场景。保存最完整的场景（里佩塔街一侧）里有奥古斯都（位于左边，残存的头部戴有桂冠）、他身后跟着的四位祭司（戴着尖尖的大盖帽）、阿格里帕（头上盖着长袍的后襟）、他的外孙盖乌斯·恺撒，后面是他的女儿，也是阿格里帕的妻子茱莉亚。说到祭坛本身，一年一度的祭祀都在这里举行。祭坛上镶嵌着朴素的装饰，让人们回忆起罗马最初的时光：那时候，"虔诚、朴素、重视家庭"是主流价值观。

奥古斯都继续推进恺撒的城市翻新计划，晚年的他为自己将"砖头建成的城市"变为"大理石筑成的罗马"而自豪。

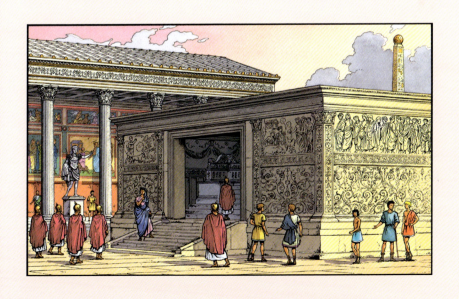

在小巷与马可·奥勒留圆柱间徘徊

安置小型圣母像这一举动可谓回归古罗马传统，当时人们会在十字路口设置一些祭拜守护神拉尔（Lar）的祭坛。

从里佩塔街一路朝南走，经过圣洛克教堂（Chiesa di San Rocco）、伊利里亚的圣热罗尼莫教堂（Chiesa di San Girolamo degli lllirici）和加富尔桥（通向充满中产阶级气质的普拉蒂街区），之后走向左前方延伸的博尔盖塞（Borghese）街，它通向**博尔盖塞宫**（Palazzo Borghese）❸。宫殿正如教皇大家族的府邸应有的那样，外墙简单朴素，内部却极尽奢华。透过丰塔内莱·博尔盖塞（Fontanella Borghese）街的大门，可以好好欣赏宫殿华丽的内庭。之后，我们从博尔盖塞广场（有许多旧书商和邮票商）的对角线穿过去，借道狭窄的神圣之爱（Divino Amore）小巷。在卡拉瓦乔生活于罗马的时期，在这条小巷与爱人重逢，总比撞上手持匕首的敌人要好得多。小巷右手边的一座房子上镶嵌着迷人的浅浮雕。在小巷尽头，你朝左边的普雷费蒂（Prefetti）街转，经过巴里的圣尼古拉教堂，然后再往母狼街走。我们会在各种街道中曲折前行，途经托雷塔（Torretta）街、托雷塔小巷和雷欧大街，沿途邂逅各种手工艺店、画廊、成衣商铺，最后到达卢奇娜的圣洛伦佐广场（Piazza San Lorenzo in Lucina）。广场上云集各式饭店、奢侈品店铺，十分热闹。正对面是**卢奇娜的圣洛伦佐教堂**（Chiesa San Lorenzo in Lucina）❹，建在一所自 4 世纪起便已存在的基督教礼拜场所上，起源于

小型圣母像

在很多街道与广场的拐角处，你只需抬头便能发现这些迷人的路边小神龛，它们是罗马很具特色的景观。其中供奉着圣母画像或雕塑，大部分圣母周围还簇拥着小天使。小型圣母像主要用于守护街区以及街道。朝圣者经过这些雕像时会停下来祈祷。照亮神龛的小灯很长时间以来是很多街道夜晚唯一的光源。

一位名为卢奇娜的女子的房子。教堂保留着 12 世纪的柱廊和钟楼，还有一座由贝尼尼于 17 世纪设计的小礼拜堂及画家尼古拉·普桑之墓（Tomba di Nicolas Poussin）。

从教堂出来，沿左手边的战神广场街走，就会到达议会广场（Piazza del Parlamento）。广场在意大利统一后开放，**沿议会宫**［又名**蒙特奇特利欧宫**（Palazzo Montecitorio）］❺而建。议会宫由原来"花月"风格的蒙特奇特利欧宫扩建而成，自 1871 年起成为众议院所在地。奥古斯都作日晷之用的方尖碑如今就在它附近。想要去看看的话，继续走战神广场街，在牧师办公室（Uffici del Vicario）小巷左转。沿途抬头欣赏一下雕刻于 18 世纪的小型圣母像，圣母被一群洛可可风格的小天使簇拥着。卷状的云朵和旁边乔利蒂冰激凌店里甜筒上羽毛一般的奶油相映成趣。

在街口，你会看到蒙特奇特利欧

宫形似岩石的窗框，它见证着贝尼尼对自然的兴趣以及他的转型。这块凸形墙面是他于 1650 年左右设计的。古罗马时期，皇帝及皇室成员的火化仪式就在这里进行；在这里可以看到象征

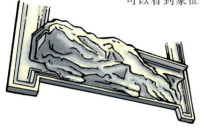

安东尼·庇护死后神化场景的宏伟圆柱（现保存于梵蒂冈）的底座。宫殿对面是建于公元前 6 世纪的**普萨美提克二世方尖碑**（Obelisco di Psammetico II），由奥古斯都从古埃及赫里奥波里斯城运回，被用作日晷的纵轴。它于 18 世纪时被重新发现，在教皇的指示下被修复并安置于此。

宫殿附近还坐落着**基吉宫**（Palazzo Chigi），建于 16—17 世纪，1961 年起成为意大利政府驻地，朝向科隆纳广场和热闹的科尔索街区。科隆纳广场有着著名的**马可·奥勒留圆柱**（Colonna Marco Aurelio），以图拉真柱（参见 26 页）为范本修建，精巧不足但表现力有余。圆柱

是为庆祝马可·奥勒留战胜日耳曼人和萨尔马提亚人，在他去世（180 年）后不久建造的。在教皇西克斯图斯五世的资助下，圆柱底座被重新设计；此外，圆柱顶端原本放置的皇帝雕像也被圣保罗的雕像所替代。

接着我们穿过科隆纳广场走贝尔加马斯基（Bergamaschi）街，街道通向**彼得拉广场**（Piazza di Pietra）❻。这个小广场像一个优雅的露天沙龙，四周环绕着时尚的咖啡馆，一侧被奢华的哈德良神殿（如今被并入交易所大楼，神殿的模型放置在广场门牌36 号处）的柱廊封住。你从广场另一端的帕斯蒂尼（Pastini）街出去，在古各利亚（Guglia）街右转，之后在阿奎诺（Aquiro）街左转。这条弯道可以让你避开游客人群，还能带你发现一个旁边坐落着**阿奎诺的圣母大教堂**

马可·奥勒留圆柱主要通过展现战役场景赞颂皇帝的英勇无畏与罗马军队的优越性。图拉真柱上第一次出现龟甲阵（士兵们用盾牌形成掩护，继而发起进攻的阵式），之后马可·奥勒留圆柱也如法炮制。

图拉真柱上的龟甲阵浮雕

可追溯到 2 世纪的万神殿穹顶，是史上最大的砖石穹顶（圣彼得大教堂圆顶的直径"也不过" 42 米，与万神殿穹顶的直径相差大约 1 米）。

（Chiesa di Santa Maria in Aquiro）和 15 世纪建的**卡普拉尼卡宫**（Palazzo Capranica）的美丽广场。

"环游"万神殿

奥法尼（Orfani）街笔直地通向**万神殿**（Pantheon）❼，这是至今保存最完好的、最为迷人的古罗马时期的建筑物。从外边看，巨型的圆柱形主体结构像是埋藏在地下，隐藏在一座古典神庙的三角楣和四边形门廊后面。万神殿里面，巨大的穹顶将视线引向天际，是展现和谐之美与精巧工艺的奇观。完美的半球穹顶巧妙地嵌进圆柱体（穹顶的直径、圆形大厅的直径和建筑的高度一样，都为 43.3 米）。

穹顶由五层同圆心的混凝土环形天顶组成，它们的面积依次向中心缩小，重量递减（通过缩短厚度及降低火山岩渣的含量实现）。圆心处开有一个眼洞天窗（直径为 8.7 米），日光与夜影都从这里透进殿内。太阳光线透过天窗照射下来，就像一个日晷；飘过的云朵同样能指示时间。从天窗落进来的雨滴使大理石地面熠熠生辉，雨水从地下开凿的细小排水沟流走。圆形大厅墙壁上凿有七个壁龛，分别用于祭拜七位行星神。万神殿被视为宇宙空间的写照，由哈德良于 118—125 年修建，完美证实了皇帝对象征性建筑物的偏好，也是古罗马建筑师天赋的佐证。三角楣上有哈德良的题词，提醒着我们这

最初，万神殿矗立在四周都是柱廊的广场深处的阶梯上

座神殿事实上建立在阿格里帕于公元前 27—前 25 年首建的万神殿遗址上。万神殿的部分青铜柱廊后来被熔化，用于建造圣彼得大教堂的华盖，除此之外，自 2 世纪以来它几乎没被动过；这多亏了它在 609 年被改为圣母与诸殉道者教堂（Basilica di Santa Maria ad Martyres）。自此，万神殿也成为拉斐

抄近道去科罗纳里街

　　继续在万神殿周围兜圈，经过建于 17 世纪的克雷森齐宫（Palazzo Crescenzi），再穿过罗通达广场（Piazza della Rotonda），这样我们就可以走通往玛达莱纳广场的罗塞塔（Rosetta）街。**玛达莱纳广场**（Piazza della Maddalena）❽ 上矗立着**圣玛利亚玛达莱纳堂**（Chiesa di Santa Maria Maddalena），它那极具巴洛克风格的墙面与严肃的、几何学风格的万神殿形成鲜明对比。往左是科佩雷（Coppelle）街，向右是科佩雷广场（Piazza delle Coppelle），白天的市

圆形与球体、宇宙的图景，这些完美的象征是哈德良建造的不同建筑的重要标志，尤其是万神殿、哈德良陵墓以及哈德良别墅的海洋剧场。

尔及意大利国王维托里奥·埃马努埃莱二世、翁贝尔托一世等重要人物的长眠之地。

　　走出万神殿，绕着建筑物走一圈，在右手边可以观察万神殿高出地面的巨大地基，还有贝尼尼的小象驮方尖碑，以及背面的涅普顿巴西利卡（Basilica di Nettuno）的遗迹：刻在大理石上的海豚、三叉戟和贝壳。

哈德良的世界

　　哈德良（117—138 年在位）继承了图拉真的王位，他热爱旅行、文化以及建筑设计，是一位出色的建设者。在罗马城内，尤其值得一提的是他下令建造的万神殿、哈德良陵墓（如今为圣天使堡）以及维纳斯和罗马神庙（古罗马最大的神庙）。要想好好欣赏这位醉心于秘传、天文与哲学的皇帝的作品，你应该去探索他修建于蒂沃利小镇（距罗马城 30 千米）的哈德良别墅中的花园和水池的遗迹。此外，你还可以继续研读法国女作家玛格丽特·尤瑟纳尔（Marguerite Yourcenar）所著的《哈德良回忆录》（*Mémoires d'Hadrien*）。这本书给雅克·马丁留下了深刻印象，并赋予他创作《尼罗河王子》（*Le Prince du Nil*）的灵感。

是单纯的狩猎场景，还是罗马或帝国的象征？狮子将动物扑倒的装饰图案出现在很多不同的古代浅浮雕中，特别是在罗马犹太人区的洛伦佐·马尼里欧别墅墙面的残片上。

集、夜晚的酒吧与餐馆让这里一天到晚都十分热闹。在广场的角落，可以经由科佩雷小巷前往战神广场，在那里可以看到建于16—17世纪的罕见蓝色教堂，即**圣母无染原罪教堂**（Chiesa di Santa Maria della Concezione），它附属于一座继承叙利亚安条克习俗的古修道院。如果广场45号的门是开着的，你便可小心地深入美丽的中庭：在左面最里边的栅栏后，有一座带喷泉的迷人回廊，还有一座带有小钟楼的圣格里戈里·纳齐安教堂（Chiesa di San Gregorio Nazianzeno），它以前也属于上述那座修道院。在广场上，注意看看宫殿，古老的圆柱嵌入墙壁；特别是3世纪设立的祭坛，上面还装饰着牛头饰与花环。

绕到教堂背后，从对面的斯戴勒塔（Stelletta）街走到奥尔索（Orso）街，这个街区还有一些古老职业的从业者，如艺术品修复者、铁匠、金箔装饰工或者木雕手艺人。斯卡普齐宫（Palazzo Scapucci）看上去好像将路挡住了，宫殿中包括一个中世纪塔楼，也称作**猴子之塔**（Torre della Scimmia）。塔楼顶端一个献给圣母玛利亚的稀奇的白色雕像，是为了向圣母致谢。据说一只家养猴子从摇篮里劫持了一个婴儿并拖到塔顶，情况十分危险，这时圣母出现并将婴儿救下。这个传说因美国小说家纳撒尼尔·霍桑（Nathaniel Hawthorne）而名声大噪，作家将这个故事写在奇幻小说《玉石人像》（The Marble Faun）里。奥尔索街一直延伸

到葡萄牙人的教堂，即**葡萄牙人的圣安东尼奥教堂**（Chiesa di Sant'Antonio dei Portoghesi）。教堂立面为洛可可风格，里边的金子和大理石光彩夺目，包括意大利雕塑家卡诺瓦（Canova）雕刻的石碑及罗马诺（Romano）创作的宝座圣母像，这里经常举办各类古典音乐会。右侧是修建于15世纪的**奥尔索酒馆**（Taverna dell'Orso），这座带阳台的漂亮建筑物是这个街区稀有的旅社遗迹之一。过去前往圣彼得大教堂的朝圣者可以在这里歇脚。街道另一头的墙面上有两处浮雕，其中一处呈现着狮子撕咬野猪的画面，另一处则很可能是狮子扑倒羚羊的场景。

左转到通向**阿尔腾普斯宫**（Palazzo Altemps）的士兵（Soldati）街。宫殿可谓"文艺复兴百宝箱"，存放了一部分罗马国家博物馆（Museo Nazionale Romano）的古代收藏品，千万别错过卢多维西王座（Trono Ludovisi）上"阿佛洛狄忒的诞生"浅浮雕，还有卢多维西巨型石棺上描绘罗马人和蛮族人战斗的浅浮雕——真称得上一幅连

艺术品循环利用

阿尔腾普斯宫博物馆（Museo Altemps）的《自杀的加拉太人》（*Galata Suicida*）和卡比托利欧博物馆的《垂死的加拉太人》（*Galata Morente*）是罗马人做的复制品，原作于公元前 3 世纪在帕加马城完成，是为了庆祝当地国王战胜以加拉太之名定居在小亚细亚的高卢人的部族而造。罗马人早有艺术品循环利用（与功绩宣传）的概念，恺撒便命人制作了这些作品的复制品以庆祝战胜高卢人（公元前 58—前 51 年）。加拉太人属于高卢民族，因此这些雕塑有时也被称为《自杀的高卢人》和《垂死的高卢人》。不管怎样，这些垂死的凯尔特人与《阿历克斯探险记》（*Aventures d'Alix*）相呼应，故事为这一历史细节添枝加叶。公元前 53 年，在将军克拉苏的支持下，一个高卢的雇佣兵团跟随罗马军队一同征伐叙利亚。高卢人因卡莱战役扬名，但随后的一系列的战略决策失误导致了惨重的失败……我们再也找不到高卢雇佣兵团的身影。他们中的很多人可能被屠杀，与其被俘虏，有的人宁愿自杀。雅克·马丁深受这段历史启发，在他的设想中，阿历克斯的父亲——高卢人的首领阿斯特克斯——也在高卢雇佣兵团里。在战争的一片混乱中，年幼的阿历克斯在豪尔萨巴德（Khorsabad）城附近被出卖，从此与父母分开；不过他至少逃过了杀戮，后来又成为帕提亚人的奴隶……最终阿历克斯重获自由，被书中的罗马统治者奥诺卢斯·加拉收养。

雕塑作品《自杀的加拉太人》，
保存在阿尔腾普斯宫博物馆

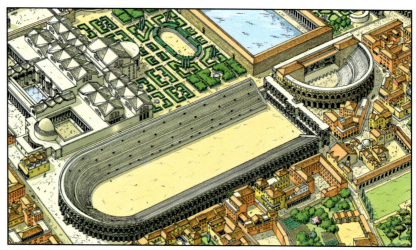

如今的纳沃纳广场完全保留了图密善竞技场的形状

环画，以及雕塑《自杀的加拉太人》（参见 43 页）。

　　沿着阿尔腾普斯宫走，接下来向左转到圣亚波里纳（San Apollinare）街，右手边就是圣亚波里纳广场。穿过这条街就能到**图密善竞技场**（Stadio di Domiziano）遗址，也就是现在的**纳沃纳广场**（Piazza Navona）❾（参见 85 页）。这座竞技场长 275 米，宽 106 米，可容纳近 3 万名观众，是古罗马当时唯一的公共体育场，由皇帝图密善于公元 86 年左右修筑，用于举办他特别喜爱的希腊体育竞赛，这与大多数罗马人的喜好不同。绕着这座古老的竞技场的跑道小跑一圈，便能切实感受到它的大小；或者去瞧瞧它入口的遗址，就在如今桑吉那塔广场（Piazza di Tor Sanguigna）12—13A 号门的下边。

　　抬头看看左边端坐在格罗西贡迪宫（Palazzo Grossi-Gondi）一角的圣母像

（17 世纪）后，就往右手边的**科罗纳里**（Coronari）**街**走。1475 年的天主教禧年，为疏散从市中心（过去的战神广场）前往梵蒂冈的大量朝圣者，教皇开放了这条路。这条笔直的路重建在原古罗马的大马士革直街（Via Recta）上，在古时候通往哈德良陵墓。路两边都是 15—16 世纪精致的府邸，如今标志性的古董商店取代了售卖念珠（corone）及其他祈祷用品的摊铺——路名正是源于"corone"这个词。整条路会接连不断带给我们惊喜：圣母像、装饰着带翅膀的塞壬或者戴面具人物形象的门、荣耀救世主像［于 18 世纪安置在兰切洛蒂宫（Palazzo Lancellotti）的一角］、点缀着多米奇奥（Domizio）小巷一角的圣体柜（1523 年）。科罗纳里街会带我们到帕尼科（Panico）街，往右拐便到了圣天使桥广场（Piazza di Ponte Sant'Angelo），这里曾经是举办市集与处置死刑犯的场所。

到此，这段游览路程也要结束了；对面就是由哈德良建造、通向他陵墓的神圣道路——圣天使桥（参见 114 页），又名埃利乌斯桥 ［Aelius 是哈德良的名字，源于日神赫利俄斯（Helios）］。**哈德良陵墓（Mausoleo di Adriano）如今已**被并入圣天使堡。陵墓底座为长 89 米的正方形，墓身为直径 64 米的圆柱体。里边螺旋式的楼梯依然留存着，稍稍倾斜的阶梯带领我们抵达墓室，里面存放着哈德良及其继任者们——直到皇帝卡拉卡拉（211—217 年在位）——的骨灰。

散布在科罗纳里街建筑上的迷人装饰之一。

埃利乌斯桥与哈德良陵墓（如今的圣天使桥和圣天使堡）

罗马诸神

罗马人供奉了很多神灵，这些神同他们的家庭生活、公共生活、军事生活等各个领域有着密切联系。他们严格履行宗教仪式以求得保佑。随着各处征战，罗马人又从被征服的民族那里引入其他神灵。罗马人吸收并同化了主要的希腊神灵，后来又从东方崇拜中汲取灵感，如小亚细亚的库柏勒女神、古希腊酒神狄俄尼索斯（罗马人称巴克科斯）、古埃及伊西斯女神或古波斯密特拉神。在那动荡不安的年代，这正好满足了人们不断增加的神秘主义需求。只要不危及官方的崇拜与社会秩序，任何宗教都会得到默许。

尤利乌斯·恺撒是共和国被奉为神明的第一人。在他之后，经由参议院票决，很多皇帝死后也被纳入神明之列。皇家宗教崇拜在帝国扮演了增加民众凝聚力的角色，不过仅仅是崇拜皇帝的英灵，而非他们的本体。

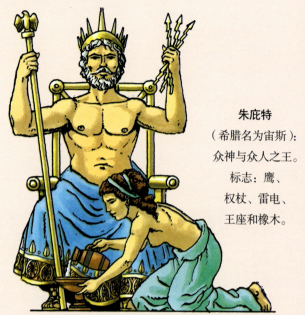

朱庇特

（希腊名为宙斯）：众神与众人之王。

标志：鹰、权杖、雷电、王座和橡木。

古希腊与古罗马奥林匹斯十二主神

色列斯

（希腊名为得墨忒尔）：农业女神。

标志：麦穗、镰刀

朱诺

（希腊名为赫拉）：朱庇特之妻，婚姻之神。

标志：孔雀、石榴。

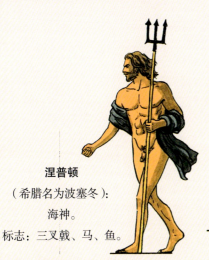

维斯塔

（希腊名为赫斯提亚）：

炉灶与圣火女神。

标志：火焰。

维纳斯

（希腊名为

阿佛洛狄忒）：

爱神与美神。

标志：鸽子。

涅普顿

（希腊名为波塞冬）：

海神。

标志：三叉戟、马、鱼。

密涅瓦

（希腊名为雅典娜）：

智慧女神，从朱庇特

头颅跳出来时全身甲胄。

标志：盾牌、

猫头鹰、橄榄树。

武尔坎

（希腊名为赫菲斯托斯）：

火神和锻冶之神。

标志：铁砧、锤子。

墨丘利

（希腊名为

赫尔墨斯）：

神之信史、

口才之神、

商业之神和诗神。

标志：带翅膀的凉鞋、

神杖。

狄安娜（希腊名为阿耳忒弥斯）：

月亮神、狩猎之神和贞洁之神。

标志：月亮、弓箭和雌鹿。

玛尔斯（希腊名为阿瑞斯）：

战争之神。

标志：头盔、武器、秃鹫。

阿波罗

（希腊名为阿波罗）：

太阳神和

艺术之神。

标志：弓箭、

里拉琴、桂冠。

路线

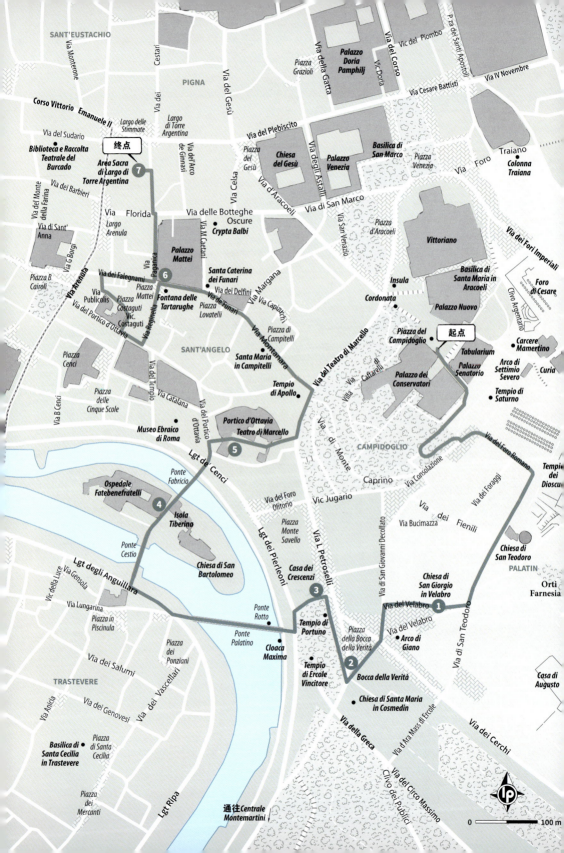

起点：卡比托利欧广场

终点：银塔广场

游览须知：天气好时选择这条线路绝对没错。这条线路能带你到达台伯河畔，结束地点任你自由选择：可以选在犹太人区的餐馆，落座在周日中午的家庭式大餐桌之间；如果是晚上，也可以选择屋大维娅门廊下明亮的露天座位。

台伯河边

台伯岛与犹太人区

✳ 　罗马城起源于河流与山丘之间，并面对着一座小岛。台伯河为商贸提供了有利渠道，也保证了用水；而山丘则提供了搭建茅草屋的场地，让居民得以躲避因河流流速和水位变化不定带来的灾害，并从高处的石头堡垒监视可能前来侵扰的敌人。台伯岛作为一个浅滩，过去经常被用作和外国人做生意的场所。岛屿对面，很早以前就坐落着港口、牲口市场以及蔬菜市场。同样也是在台伯岛附近，罗马共和国时期建造了许多神庙以及马切罗剧场——中世纪时剧场被改为筑有防御工事的宫殿。这条线路带你走下卡比托利欧山，前往罗马城的发祥地。在那里，古老遗迹、拜占庭时期的教堂还有中世纪民居楼混杂在一起。别忘了参观著名的"真理之口"。接着可以在桥梁和岛上散步，欣赏绿意盎然的景色，夏天岸边会举办节庆活动；最后深入犹太人区探索，迄今为止这里仍然是风格最为正宗、最具活力的街区之一。

❶ 维拉布洛圣乔治圣殿　　❸ 克雷森兹之家　　❺ 马切罗剧场　　❼ 银塔广场圣地

❷ 真理之口　　❹ 台伯岛　　❻ 马太官

在维拉布洛区

元老宫前，台伯河神的雕像为你指明道路：穿过右边的拱门，来到伸向古罗马广场河谷上方的平台。古时候这片河谷便是在维拉布洛（Velabro）区开发出来的。我们顺着其水流走，就可以到达台伯河。先沿右手边铺有石块的路走，经过古罗马广场街和圣泰奥多罗（San Teodoro）街返回**古罗马广场**（参见 14 页）和**帕拉蒂诺山**。每周日早上，6—15 世纪建造的东正教**圣泰奥多罗教堂**（Chiesa di San Teodoro）里都会传出天籁之音。

接着右转走维拉布洛街，前往雅努斯拱门和维拉布洛平原。维拉布洛区的小山谷在卡比托利欧山、帕拉蒂诺山、阿文提诺山以及台伯河之间蔓延，装有孪生子罗慕路斯和雷慕斯的柳条篮很可能在这里搁浅。连接坎帕尼亚和伊特鲁里亚的道路同可航行的河道交叉，罗马城第一个商贸港口——提贝里诺港口（Porto Tiberino）——正是从这里发展起来。港口的北面是蔬菜与水果市场——奥利托里奥广场（Foro Olitorio），南面是牛市——屠牛广场（Foro Boario）。从 6 世纪开始，维拉布洛区便成为古希腊人聚居地。这里原本云集了各式手工艺人，他们的生产活动都与台伯河有关；直到 19 世纪，为了抵抗洪水侵扰，人们围绕台伯河岸筑起高墙，沿岸便不再及当年繁华。如今，这片街区拥有古代小庙堂、带着美丽罗马式钟楼的教堂，还有松树林深处显现的巴洛克式喷泉，

仍然保留着那份静谧的魅力。

在维拉布洛街，坐落着 7—12 世纪专为圣乔治（受东方希腊人尊崇）建立的**维拉布洛圣乔治圣殿**（Chiesa di San Giorgio in Velabro）❶，它的朴素吸引着人们的视线。圣殿的一侧为屠牛广场的大门——兑换商拱门（Arco degli Argentari）。拱门是货币兑换商（argentari）与牛肉商人行会为感激皇帝塞维鲁及其皇室成员，于 204 年竖立的。拱门内侧一边的图案展示了卡拉卡拉在便携祭坛旁浇祭的场景，另一边是塞维鲁皇帝与妻子献祭品的画面。不远处的**雅努斯拱门**（Arco di Giano）标记着通向屠牛广场的重要通道。拱门名字"雅努斯"源自门神雅努斯。

"真理之口"附近

从右侧下来，我们便到达了建在屠牛广场原址上的真理之口广场（Piazza della Bocca della Verità）。如今广场最为吸引人的莫过于**真理之口**（Bocca della Verità）❷了。相传，若谁不说真话，雕像就会咬住撒谎者的手。真理之口因为在电影《罗马假日》（1953 年）中出现而声名大噪。这张嘴就位于**希腊圣母堂**（Chiesa di Santa Maria in Cosmedin）门廊下，刻在一个巨大的古代大理石圆盘上。那这个"真理之口"到底能追溯到公元前 4 世纪还是公元 1 世纪？它真的像大

赫丘利是朱庇特和一位凡人的儿子，在死后被列入诸神。他杀死了卡库斯（Cacus），后者是武尔坎的儿子，一个会喷火的巨人，生活在阿文提诺山的山洞中。因此罗马人会为赫丘利举办节庆。

家所说的那样，单纯是个下水道井盖吗？它是不是海神的面孔，因为上面有海豚的形状？或是农牧神，因为可以看到角与下方的两个球状物（影射这位远古神灵的生殖力量）？"真理之口"的真相依然争议不断。

至于经常被忽视的希腊圣母堂，其实很值得关注。教堂于6世纪建在供奉赫丘利和色列斯的神庙遗址上；8世纪再次扩建；12世纪被来自东方的希腊人接管后，教堂被修缮得更加美丽。新建了一个门廊和带有7个小连拱廊的罗马风格的钟楼，体现出一种少见的雅致。教堂内饰朴素，但也不失精雕细琢。

除此之外，真理之口广场还矗立着两座保存得很好的神庙（中世纪时被改为教堂）。圆形的神庙被柱廊包围着，这是长期以来都被误认为"灶神庙"的**胜利者赫丘利神庙**（Tempio di Ercole Vincitore）。神庙由一位富有的罗马卖油商人于公元前2世纪末所建，是罗马城中保存得最久的大理石建筑，尽显那个时代商人们的财富与阔气。另外一座为**波图努斯神庙**（Tempio di Portuno），长期以来被称为福尔图内·维里莱神殿（Tempio della Fortuna Virile），就建造在港口旁边。神庙修建于公元前4世纪—前3世纪，于公元前2世纪—前1世纪改建为今天的样子，供奉港口与航行之神波图努斯。

坐落在街道的另一侧的**克雷森兹之家**（Casa dei Crescenzi）❸建筑风格极为奇特，关键在于它重新采用了很多古代建筑元素，是典型的中世纪风格，当时罗马建起许多堡垒，人们随意地将古代建筑当作材料来源。这座建于12世纪的别墅配有一个塔楼，属于罗马城中最具影响力的家族之一——克雷森兹家族。这个家族曾掌管罗马的过桥通行税。

在桥上，在岛上

接下来踏上帕拉蒂诺桥，桥通向特拉斯提弗列区（参见131页）。桥的左边，一个几乎与水面平齐的小桥拱是马克西姆下水道（Cloaca Maxima）的出口。这条罗马城巨大的下水道可追溯至塔克文一世统治时期（公元前6世纪）。在右边，有一座桥于桥拱处断裂。"断桥"（Ponte Rotto）原本为艾米里欧桥（Ponte Emilio）的遗迹，建于公元前2世纪，是罗马第一座石桥，被整修过多次，1598年最终崩塌。

尽管马克西姆下水道里有老鼠，但为了躲避追兵，阿历克斯仍毫不犹豫地到里面避难。

恩波里厄姆（Emporium）位于阿文提诺山（插图中左侧山丘）山丘上，为古罗马大型商业港口，包含许多巨大的仓储空间，其中有长500米的艾米利亚柱廊（Porticus Aemilia）。用于运送食物的双耳尖底瓶的碎片长期在此堆积，形成了人造的泰斯塔西奥（Testaccio）小丘。

在接近台伯岛的地方，平静的水流会突然变得湍急，这是因为人们在加里波第桥（Ponte Garibaldi）底部修建了一个泄水坡。一旦走到河对岸，沿着右边的堤岸行走，就可以通过切斯提奥桥（Ponte Cestio）（建于公元前46年，19世纪重建）上岛。

台伯岛（Isola Tiberina）❹的形状让人想起船舶，它的历史浸润在各种传说之中。最负盛名的传说是：公元前3世纪，罗马曾发生大瘟疫，于是罗马人请来了古希腊的医神阿斯克勒庇俄斯。医神从一艘蛇形的船上岸，指示将这座岛献给他。人们就在岛上为神建立了一座庙，神庙的原址上如今坐落着圣巴多罗缪教堂（Chiesa di San Bartolomeo）。台伯岛从此敬奉阿斯克勒庇俄斯与医学，法泰贝内弗拉泰里（Fatebenefratelli）医

院的建立就是证明。陡峭的河岸让人联想到神蛇和舰首溅起的水花。每到夏天，河岸上随处可见探戈表演、露天影院、戏剧表演与咖啡座，热闹的氛围在夜间达到了极点。

法布里奇奥桥（Ponte Fabricio）是罗马最古老的桥梁，自公元前62年建起后几乎没有任何改动。这座桥通向过去的战神广场所在地。我们也叫它"四头桥"（Ponte dei Quattro Capi），因为桥上装饰着两个四头的赫尔墨斯头像。有很长一段时间人们也称呼它为"犹太人桥"，因为它连接着特拉斯提弗列区——传统的犹太人居住区——和后来孤立封闭的犹太人区。

从犹太人区中心到古代圣地

过桥后往左望去，我们能轻易通过方顶辨认出**犹太会堂**（Sinagoga）壮观的轮廓。教堂于 1904 年举行落成仪式，罗马犹太博物馆（Museo Ebraico di Roma）就位于其中。在博物馆里，我们可以追溯罗马犹太社群的历史。法布里奇奥桥通往犹太人区的交通要道屋大维娅门廊街，老人们喜欢坐在那里纳凉闲聊；餐厅提供犹太人爱吃的可口饭菜，露天座位被屋大维娅门廊的阴影笼罩，夜间还有灯光相伴。

穿过右手边的马切罗剧场与屋大维娅门廊考古区——位于**屋大维娅门廊**（Portico d'Ottavia，公元前 2 世纪奥古斯都专为其姐姐所修筑的门廊，如今只有朴素的遗址）和**阿波罗索西乌斯神庙**（Tempio di Apollo Sosiano，于公元前

5 世纪—前 1 世纪为阿波罗建造）之间。如果围栏关闭着，你可以从右手边第一条小街前往坎皮特利广场（Piazza di Campitelli）。如果还是想去考古区看看的话，往回走一点，**马切罗剧场**（Teatro di Marcello）❺ 的正面便映入眼帘。当初恺撒起意修建这座剧场，到奥古斯都时期才完成。在当时的罗马，马切罗剧场的规模仅次于庞培剧场，共有 15000 个座位。在中世纪，剧场被改造为一座堡垒；16 世纪时又变为一座豪华的私人宫殿。尽管周边建筑已被清除，剧场却奇迹般地保留下来。

从马切罗剧场大街出来，左转到蒙塔纳拉（Montanara）街后，径直往前，沿着坎皮特利广场和弗纳利（Funari）大道走，可以参观**坎皮特利圣母大教堂**（Santa Maria in Campitelli）——一座巴洛克式的雅致教堂，由卡洛·雷纳尔迪（Carlo Rainaldi）设计——和**弗纳利圣卡特琳娜教堂**（Santa Caterina dei Funari），后者有着和谐的文艺复兴式立面，略带风格主义。之后便可以深入建于 16—17 世纪的**马太宫**（Palazzo Mattei）❻ 的内廷探究一番。宫殿内廷装饰有大量雕像、浅浮雕及石棺碎片。马太宫坐落在马太广场的一角。广场有优雅的乌龟喷泉（建于 16 世纪），你先从左边的第二条街——雷吉内拉（Reginella）街走，再走右边的屋大维娅门廊街。门牌 1 号是建于 1468 年的**洛伦佐·马尼里欧别墅**（Casa di Lorenzo Manilio）。别墅装饰有许多古代元素，有来自亚壁古道的石头墓碑

松脆朝鲜蓟、包裹马苏里拉奶酪与鳀鱼的酥炸西葫芦花、包裹羊羔脑和朝鲜蓟的油炸面圈以及鳕鱼都是罗马犹太人餐桌上的美味佳肴。

罗马的犹太人与犹太人区

罗马城内目前有六座确知的犹太人地下墓穴，其中一座挨着亚壁古道。这些犹太人的墓穴经过公元3—4世纪的演变，除了能通过一些文字或符号（譬如犹太教七枝烛台）加以区分外，与基督教徒的墓地相差无几。

公元前 63 年，罗马人征服耶路撒冷，于公元 70 年摧毁圣殿（第二圣殿），并建立了罗马犹太行省。此后大量犹太人移居罗马，他们最初居住在特拉斯提弗列区，随后到特拉斯提弗列区对岸的街区安家。1492 年，随着犹太人被驱逐出西班牙，罗马迎来了新一轮影响深远的移民潮。1555 年，反宗教改革的强硬拥护者教皇保罗四世刚上任便建立了犹太人区（ghetto）：街区被高墙圈起来，处在台伯河、屋大维娅门廊以及五校广场（Piazza delle Cinque Scole）之间，4000 多名犹太人不得不挤在这块区域里。入口每天黎明打开，晚上紧闭。为进行种族区分，犹太人被迫被做上标记。除了借贷和布料买卖，他们不能从事任何职业。他们不能拥有房屋产权，财产被强制变卖给基督教徒。后来犹太人区略微扩大，但直到 1870 年才最终被废止。开放了一段时间后，随着意大利法西斯政权 1938 年出台《种族法》（*Leggi Razziali*），罗马开始了新一轮将犹太人逐出工作领域、学校以及公共生活的过程。在 1943 年 10 月 16 日对犹太人的围捕中，逾 1000 名男人、女人和小孩在屋大维娅门廊附近被抓。总之，超过 2000 名犹太人区居民被押送到纳粹集中营，鲜有人返回。1986 年，教皇约翰·保罗二世同犹太教首席拉比一起在罗马的犹太会堂祈祷，这在罗马教皇中尚属首例。如今，有 3 万多名犹太人居住在罗马。

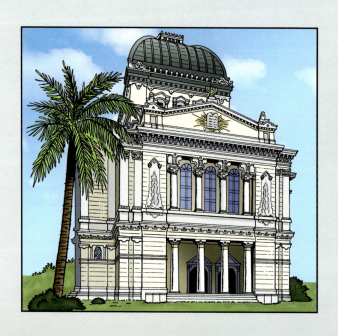

罗马大犹太会堂，
建于 1904 年

马切罗剧场

和将羚羊扑倒在地的狮子浅浮雕，让人想起奥尔索街也有类似的装饰（参见42页）。拉丁文铭文写着别墅主人的名字，并称赞了他的贡献，他的财富并不多，却尽力为城市增光添彩。右转来到科斯塔古提（Costaguti）巷，那里坐落着建于1759年的**卡梅洛小礼拜堂**（Tempietto del Carmelo）。这个还愿礼拜堂主要用于"强迫"犹太人听布道，以劝服他们皈依天主教。在科斯塔古提广场的尽头，走右边的帕布里科里斯（Publicolis）街，然后继续右转走木匠（Falegnami）街，那里遍布贩卖符合犹太教教义产品的店铺，有礼拜仪式物品小贩、蔬菜商和布匹商。

再次回到乌龟喷泉，左转沿帕加尼卡（Paganica）街一路直走到**银塔广场圣地**（Area Sacra di Largo di Torre Argentina）❼。这块区域于1920年左右被重新发现，由于罗马共和国时期的四座神庙都坐落于此，所以被命名为

"圣地"。西边角落的巨型石块是元老院最后的遗迹，公元前44年3月15日，恺撒在这里被刺杀。这里也是庞培于公元前61—前55年建立的柱廊的尽头（在另一头，庞培建造了罗马第一座石砌的剧院，上面盖有一座献给胜利者维纳斯的神庙）。一些标牌标示着圣地内不同建筑的位置，并有照片展示在这里发现一座巨型女神雕塑碎片的过程（参见本页）。每到圆月的夜晚，这片废墟显得十分浪漫，成为350多只猫的聚集地。

跟随女神……

　　如果想在银塔广场一睹女神雕塑巨大的头颅与足部……你可以追随到蒙特马尔蒂尼中心博物馆（Centrale Montemartini）。（博物馆地址：Via Ostiense 106；地铁站：Garbatella）蒙特马尔蒂尼原是于1912年建造的热电厂，在失去原有建筑功能后，被改建成一座能容纳400多件古文物的博物馆，展品便与机器放置在一起。白色大理石雕刻出含羞的衣褶和腰部的曲线，林立在黑色的巨型涡轮机中，看起来让人有些不安。我们可就近消磨夜晚时光：去朱塞佩·里贝塔（Giuseppe Libetta）街附近，那边的酒吧、迪厅还有比萨店周末总是满员；或者去另一侧的加尔贝特拉（Garbatella）街区，那里坐落着20世纪20年代的城市公园，自从南尼·莫莱蒂执导的电影《亲爱的日记》（*Caro Diario*）在这里取景后，罗马市民纷至沓来。

参观罗马的港口

奥斯提亚港——位于今天的奥斯提亚古城（Ostia Antica）——建立于公元前4世纪，地处台伯河河口，由最初的军事港口变为商业港口。这里曾有很多大仓库，主要用于储放经台伯河运往首都的小麦。从公元42年开始，新港口的设立弱化了奥斯提亚港的角色；好在这里有众多的仓库、行政楼、市场及居民小区，奥斯提亚港仍然是一个热闹的中心。5世纪起，港口慢慢被遗弃，城市逐渐被淤泥掩埋，这也很好地解释了遗迹保持完好状态的原因。

奥斯提亚古城遗址十分广阔，值得花上几个小时游览。漫步在松树、柏树、杂草、雕像以及马赛克画之间，必定是段诗意的旅程。古城为典型的罗马城市，围绕着两条主干道——南北大街（cadro maximus）和东西大街（decumanus maximus）——建设，十字路口便是一个广场。浴场、剧院、祭祀地（奥斯提亚是一个国际大都会，接纳许多种信仰）、酒馆、商店、公共大楼的遗迹让人得以全面回顾那个时代的日常生活图景。

奥斯蒂恩塞大道（Via Ostiense）连接着罗马与奥斯提亚城，在靠近城门——罗马门（Porta Romana）——的位置，有一座大型公墓。总长超过800米的东西大街便从那里延伸到海岸门（Porta Marina），一直通向大海（路程约4千米）。曾

如今，奥斯提亚古城位于罗马西南方向约25千米处。如果乘坐火车前往，需要乘坐地铁B线到 Piramide 站，然后在圣保罗门（Porta San Paolo）火车站乘车，只需30分钟便可到达。

经这条大街两旁都是柱廊，下面开有商铺。在右边，涅普顿浴场（Terme di Nettuno）保留着三幅漂亮的马赛克画（2世纪），献给海神涅普顿和他的妻子安菲特里忒。你可以爬到高处仔细看这些装饰画：涅普顿骑着海之马，身边紧跟着海中仙女、特里同还有海豚。

更远一点的地方有阿格里帕主持修建的剧场，扩建后可容纳4000名观众。1940年时剧场被重建，夏季这里会上演戏剧。从剧场顶楼望

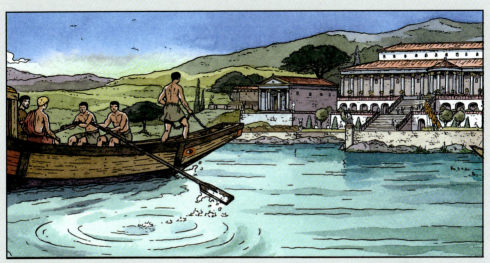

很多富裕的罗马人在大海及湖泊周边的乡村都拥有房产

出去，可以很好地观看城市的布局。

　　剧场后方延展开的是行会广场（Piazzale delle Corporazioni），广场有一系列马赛克装饰（2世纪），展示了在那里拥有办事处的船主与商人的行会活动。画面上有黄麻和绳结卖家、皮革商、小麦商人、象牙进口商（这也是有大象装饰画的原因）与船商等。

　　千万别错过古罗马消防大队的营房（有公牛祭祀的马赛克画）、七阶密特拉神殿（18个密特拉神殿中保存最完好的）、戴安娜之家（古罗马公寓的典范）、热食店（thermopolium，带有长凳的古罗马小吃店，柜台和墙面上绘有水果、蔬菜和乐器）、广场浴场（带有公共厕所）、卡比托利欧神庙、丘比特与普赛克小屋、七贤浴场（其中有马赛克狩猎场景装饰画）以及图拉真校舍（修船木匠的落脚点）。

奥斯提亚古城的标牌不仅指示方向，而且会推荐一些游览路线。古城博物馆里摆放着该遗址出土的雕像和石棺，旁边的建筑群里集结了咖啡馆、洗手间以及纪念品店。

起点： 共和国广场（天使与殉教者圣母大殿前面）

终点： 大拿坡里广场（图拉真市场附近）

游览须知： 如果想在午饭前腾出时间仔细参观圣巴西德圣殿的马赛克画、圣彼得锁链堂（中午关闭）中米开朗琪罗的雕塑作品《摩西》，建议你最好一大早起床；参观完后可以在蒙蒂区一带闲逛并吃个午餐。

从浴场到教堂

埃斯奎利诺山与蒙蒂区

罗马人很强大的一点在于他们的同化本领，能够让被征服的民众融入并适应他们的文化。如今，罗马的一部分魅力便源于这种流传下来的包容同化、回收利用以及改造场域的艺术。不同历史时期彼此交错、互相寄生以及演变的产物使罗马更加迷人，这能带给我们无穷无尽的、追根溯源的乐趣。昔日的戴克里先浴场，一部分已经被改为教堂，这便是一个绝佳的例子。我们就从这个浴场开始游览。

之后，从维米那勒山与埃斯奎利诺山下来，欣赏罗马教廷如何将方尖碑和古罗马圆柱重新用于圣母大殿，以及对苏布拉街区的改造——将古时候骚乱的郊区变为诱人的时髦街区。罗马各时期之间的对话不会在这里结束，因为接下来我们要路过 19 世纪城市化进程中（罗马成为首都）发展起来的几个令人瞩目的街区，还有坐落着中世纪的塔楼与花园的街区，从那里可以眺望被棕榈树包围着的罗马斗兽场，以及图拉真在尼禄奢华的金宫原址所修的浴场。途中，我们将向一位伟大人物——米开朗琪罗雕刻的"摩西"——致敬。

❶ 天使与殉教者圣母大殿　　❹ 圣巴西德圣殿　　❼ 金宫

❷ 马西莫浴场宫　　❺ 蒙蒂区圣马尔蒂诺教堂　　❽ 圣彼得锁链堂

❸ 圣母大殿　　❻ 奥平山公园　　❾ 蒙蒂区的圣母广场

戴克里先浴场

天使与殉教者圣母大殿（Santa Maria degli Angeli e dei Martiri）**❶** 被废墟环绕的凹面砖墙十分新奇。事实上，这个凹面原本是戴克里先浴场热水浴室的半圆形后殿，后来被改建为大殿入口。在另一侧，一片建筑群于 1887 年被打造起来，以匹配新首都（1871 年，罗马成为意大利王国的首都）：壮观的新古典主义宫殿与公共浴场中半圆轮廓的、带有台阶的会客室相结合。**戴克里先浴场**（Terme di Diocleziano）修建于 305 年，占地面积超过 13 公顷，可同时接待 3000 多人（是卡拉卡拉浴场的两倍多）。浴场设施一应俱全，包括花园、柱廊、图书馆、音乐厅和礼堂。浴场依照太阳升落的路径依次修建了热水浴室（caldarium）、温水浴室（tepidarium）和冷水浴室（frigidarium），边上还有几个体育场。

1561 年，根据一位西西里神甫所见的幻象，教皇特派米开朗琪罗将戴克里先浴场改为教堂，用来纪念基督教殉道者以及用血汗建造了浴场的奴隶。米开朗琪罗利用其天赋，在不破坏建筑原有结构的情况下，将这座神圣

1702—1846 年，穿过天使与殉教者圣母大殿的子午线被用于校准罗马城的时钟。之后，则是由贾尼科洛山的大炮在正午报时。

建筑融进宏伟的废墟之中，并通过设立三个入口，使教堂与周边环境的联系更加紧密。然而，后来的翻修却完全与米开朗琪罗的初衷相悖，仅保留了一个入口。在热水浴室的半圆形后殿，我们可以通过几扇青铜大门［由波兰雕塑家伊格尔·米托拉吉（Igor Mitoraj）主持修缮，2006 年完工］进入圆形的前厅。前厅两侧为方形会客室，连接曾经的温水浴室。教堂的耳堂被安置在浴场的中心大厅，保留了八根红色花岗岩圆柱以及高大的拱顶，延续了古罗马时期的宏伟样貌。唱诗席左侧的小礼堂有一个有趣的展区，

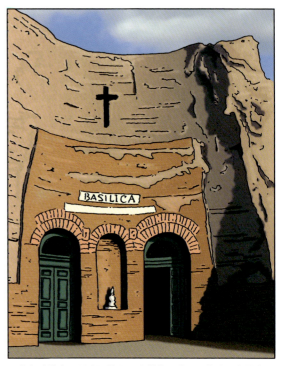

天使与殉教者圣母大殿的入口由戴克里先浴场热水浴室的半圆形后殿改造而成

罗马国家博物馆

　　罗马国家博物馆已拓展到四个分区，贯穿整个城市：马西莫浴场宫（地址：Largo di Villa Peretti 1）、戴克里先浴场（地址：Viale Enrico de Nicola 78）、阿尔腾普斯宫（地址：Piazza di Sant'Apollinare 44）以及巴尔比地穴（Crypta Balbi，地址：Via delle Botteghe Oscure 31）。建于 19 世纪的马西莫浴场宫涵盖一批卓越的古罗马藏品，包括雕塑、绘画、马赛克画及钱币。其中的奥古斯都雕像、《撒路斯提乌斯花园的尼俄柏之女》（Niobide degli Horti Sallustiani）、《休息中的拳击手》（Pugile in Riposo）、《希腊王子》（Principe Ellenistico）、《蹲着的阿佛洛狄忒》（Afrodite Accovacciata）、《掷铁饼者》（Discobolo Lancellotti）、《沉睡的赫马佛洛狄忒斯》（Ermafrodito Dormiente）最为出色。还有一个餐室非常值得参观，即利维娅别墅（Villa Livia）的躺卧餐厅。里面有一幅采用视错觉画法绘制的天堂花园（公元前 15 年），被挪到博物馆后，仍采用原来的布局。其他漂亮的壁画大都来自特拉斯提弗列区的法尔内西纳别墅。

展出了浴场和教堂的历史。

　　从教堂出来后，如果你希望继续游览戴克里先浴场、米开朗琪罗设计的回廊以及罗马国家博物馆区域内的花园，就继续朝左边走。如果不想继续游览，那就穿过从特米尼（Termini）火车站（火车站因位于浴场附近得名）延伸过来的街道，再走左边的戴克里先浴场街，由此可以到达**马西莫浴场宫**（Palazzo Massimo alle Terme）❷。宫殿是罗马国家博物馆四大分区之一（参见本页）。我们右转到维米那勒街，那里可以看到浴场外围的圆形建筑。

圣母大殿周围

　　来到都灵（Torino）街，你可能会注意到，就像罗马很多地方一样，在街的两头都能看见一座教堂：右边是圣苏珊娜教堂（参见 78 页），左边是圣母大殿。往这个方向继续走就是埃斯奎利诺广场了，那里可以好好欣赏**圣母大殿**（Basilica di Santa Maria Maggiore）❸的后立面（由卡洛·雷纳尔迪于 1670 年设计）。教皇西克斯图斯五世命人在此竖立了一座方尖碑（原奥古斯都陵墓前两座方尖碑中的一座）。在同一条干道上，我们看到街道尽头有另一座方尖碑，由另一位教皇竖立，指向山上天主圣三教堂。罗马城内的古代象征物便这样被教皇们再度利用。

　　绕着圣母大殿走一周，来到它建于 18 世纪的正立面。在那里，保罗五世于 1614 年竖立了一根圆柱，圆柱取自古罗马广场的马克森提乌斯巴西利卡，柱顶上有一尊圣母像。在你进入教堂前，注意看左手边的圣门（Porta Santa），圣门只在禧年敞开（参见 116 页）。根据传说，正如圣母托梦告诉利

教皇保罗五世命人将一座圣母玛利亚雕像安置在圣母大殿正立面前方的圆柱顶端，而教皇西克斯图斯五世则在教堂后立面前方竖立了一座方尖碑，此举是为了两者相呼应。

"这座殿堂仿佛华美的会客厅"，司汤达这样描写圣母大殿

伯略（Liberio）教皇的那样，圣母大殿是在 356 年 8 月 4—5 日之间，修建于一个夜晚奇迹般下起雪来的地方。事实上，这座大殿是教皇西克斯图斯三世于 432 年（以弗所公会议一年后）修建的。作为巨型圣殿（如拉特朗圣若望教堂、城外圣保罗大殿以及圣彼得大教堂），教皇们不遗余力地装饰它，正如司汤达所写的那样，以赋予它"真正的皇家气派"。总的来说，大殿本身便讲述着艺术与建筑的历史。它受古教堂的启发，保留着早期基督教堂的结构，拥有 5 世纪华丽的马赛克画，却带有罗马式的小钟楼和 15 世纪的藻井式天花板，上面装饰着最早从美洲带回来的黄金。大殿囊括了米开朗琪罗主持修建的斯福尔扎礼拜堂（Cappella Sforza）、多梅尼科·丰塔纳（Domenico Fontana）于 16 世纪修建的西斯廷礼拜堂（Cappella Sistina）、贝尼尼之墓和巴洛克晚期的瑰宝——保利那礼拜堂（Cappella Paolina），更别提其他诸多五彩缤纷、金光闪闪的奇珍异宝了。在每年 8 月 5 日的"雪之圣母玛利亚纪念日"，人们还会从天窗向教堂撒下象征雪的白色花瓣。

我们穿过广场走圣巴西德小路，**圣巴西德圣殿**（Basilica di Santa Prassede）❹的一扇侧门开在这里。圣殿于9世纪在一所领衔堂的旧址上重建，保留了最初的结构以及令人赞叹的马赛克画，实为卡洛林艺术的上乘之作。最漂亮的马赛克画位于唱诗席及圣芝诺礼拜堂（Cappella San Zenone）（9世纪建，位于右侧）。右侧的祈祷室存放着受人敬仰的圣物——一根圆柱的碎块。据称基督曾经被绑在这根圆柱上承受鞭笞。

接着右转到蒙蒂区圣马尔蒂诺（San Martino ai Monti）街，便可看到圣巴西德圣殿的门廊（被围栏包围）。这条街沿用古代的苏布拉努斯（Suburanus）坡道的走向，标志着苏布拉街区（参见71页）高处的边界。街道通向一个广场，广场上的卡波西塔楼（Torre dei

圣芝诺礼拜堂装饰着9世纪的马赛克画，原本应该是教皇巴斯加一世（在插图中被象征生者的方形框圈起来）的母亲狄奥多拉陵墓的装饰

Capocci）和格拉齐亚尼塔楼（Torre dei Graziani）让人想起中世纪几大家族间的竞争。此外，**蒙蒂区圣马尔蒂诺教堂**（Basilica di San Martino ai Monti）❺祭台的后堂也坐落在此。

我们前往教堂前的空地，教堂建于5世纪。3世纪以来，基督徒常在于原址所建的埃奎提领衔堂（Titulus Equitii）聚集祷告，领衔堂本是名为埃奎提乌斯的罗马人的房子。虽然教堂被改修了许多次——尤其是在17世纪——巴西利卡式的格局却被保留下来。教堂的三个中殿被一些古代圆柱分隔开，这些圆柱很可能取自图拉真浴场。其中尼古拉·普桑的内弟加斯巴德·杜埃（Gaspard Dughet）创作的一组壁画展示了罗马的风景以及先知以利亚的故事。

奥平山公园以及辉煌的遗迹

走出教堂后，先右转，再左转到图拉真浴场街。在左边，我们可以看到浴场的蓄水池，即容量为7500立方米的七厅（Sette Sale）；然后右转到梅塞纳特花园（Orti di Mecenate）街，便会到达**奥平山公园**（Parco del Colle Oppio）❻，公园建立在图拉真浴场和金宫遗址上。

图拉真浴场（Terme di Traiano）建于109年，由著名建筑师大马士革的阿波罗多洛斯设计，是最早的一批帝国大浴场之一。这些浴场为戴克里先浴场和卡拉卡拉浴场提供了良好的示范。该浴场的一部分建在金宫的遗址之上，多亏被土掩埋后隔绝了空气和光线，金宫完整的房间才会在文艺复兴时期被发掘时保持内饰毫发无损的状态。

从左手边沿图拉真浴场遗迹绕行，往下走到露天平台，在那里可以欣赏被棕榈树包围着的罗马斗兽场。阶梯将我们带到塞拉比德（Serapide）街，然后

拉丁文"titulus"（领衔堂）后面起初会写上府邸所有者的名字，后来会加上圣人的名字，它是指在基督教尚未稳定发展时期，那些欢迎基督教信仰的私人宅邸。在4—5世纪大量存在。

金 宫

公元 64 年,一场大火吞噬了罗马城。人们控诉是尼禄造成了这场大火。这很可能是诽谤。然而可以确定的是,尼禄重建罗马时确实很注重城市规划,他建造了一座绵延跨越三个山丘的奢华新宫——金宫。一进大门,太阳神造型的尼禄巨像就预告着宫殿的奢华。整座宫殿都为宝石和金箔所覆盖。宫殿包括 150 多个房间,基本上都有 10 米高,其精致程度与宏伟的规模相比也毫不逊色,比如说可活动的天花板——可以从开口处朝宾客抛撒花瓣、喷洒香水——雕塑、花园、野生动物以及人工湖。

尼禄死后,他的继位者们急于抹去所有关于他的痕迹。维斯帕先命人将尼禄的人工湖填掉,在原址修建了一个公共圆形剧场(罗马斗兽场);金宫则被埋在提图斯和图拉真公共浴场之下。人们就这样遗忘了金宫。直到 15 世纪末,几位工人发现了装饰着壁画的地下宫殿,这便是金宫。画家基尔兰达约(Ghirlandaio)、平图里基奥(Pinturicchio)、拉斐尔以及其他艺术家都钻到"地洞"里速写,描摹阿拉伯式装饰、神奇的动物图案、神话形象等。我们称这些图像为"穴怪图像"(grottesca),它们是文艺复兴及 18 世纪许多艺术作品的灵感来源。

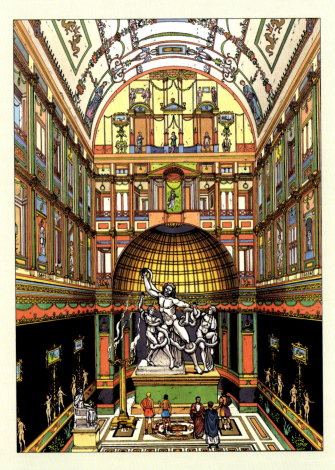

如今,金宫的大部分装饰已然消逝,但建筑的雄伟壮观永存。

走金宫街。**金宫**（Domus Aurea）**❼** 现在的入口也设立在这条街上（参观需预约），与浴场遗址紧密相连。接着朝右边的尼古拉·萨尔维（Nicola Salvi）街走，然后右转沿提图斯浴场（Terme di Tito）街前行。这个名字让我们想起公元 80 年建起的提图斯浴场，可惜现在少有它的遗迹。

《摩西》与蒙蒂区

在街道尽头左转，前往欧多西亚纳（Eudossiana）街的**圣彼得锁链堂**（Basilica di San Pietro in Vincoli）**❽**。教堂的名字和它所保存的圣物——圣彼得的锁链——有关。传说皇帝瓦伦提尼安三世的妻子欧多西亚（Eudossia）皇后收到了母亲赠予的锁链，这是在耶路撒冷的监狱锁过圣彼得的锁链；欧多西亚将其赠送给教皇利奥一世，后者也有一段在罗马监狱里锁过圣徒的锁链。当教皇将两副锁链的锁环靠拢时，锁链奇迹般地连在了一起，变为一条锁链。锁链置放于祭坛之下，吸引了大量朝圣者。

对于艺术爱好者来说，教堂还有另一大奇观：米开朗琪罗设计的教皇尤利乌斯二世之墓。尽管足够壮观，成品却远远不及最初的构想。陵墓本应在圣彼得大教堂中心占有一席之地，且囊括 40 多座雕像。但由于米开朗琪罗先是与尤利乌斯二世起了争执，然后又被西斯廷礼拜堂的装修工程影响，

米开朗琪罗的雕塑作品《摩西》显示出一种宇宙的力量，摩西头上的两个触角像是燃烧的圣火，他的长胡须象征着水，柔软的衣襟里仿佛有风，强有力的肌肉线条让人想到地球蕴含的力量。

过去人们在蒙蒂区的圣母广场喷泉取水的场景（这座喷泉几乎没有什么改变）

平民聚居区的十字路口，这里有公寓楼、小酒馆和喷泉

于是他缩减计划，仅仅雕刻了《摩西》（Mosè）与《奴隶》（Schiavo）系列作品——后者分散保存在巴黎和佛罗伦萨——并将修建墓地的任务交付自己的学徒。不过不管怎么说，《摩西》实在是太出色了！

走出教堂后，抬头便能看到被改为钟楼的马加尼塔楼（Torre dei Margani）。然后低头穿过右边的拱顶，从连续的阶梯往下走，经过宝拉的圣弗朗西斯科（San Francesco di Paola）街，穿过加富

尔街，沿着萨利塔德波吉亚（Salita dei Borgia）台阶往下走，往左走几步到雷奥尼那（Leonina）街，再往右走几步，来到安杰莱托（Angelleto）街，最后再往左就到了蒙蒂区的圣母广场（Piazza Madonna dei Monti）❾。这里有两座教堂、一座喷泉、浸没在绿植中的咖啡馆和餐厅、手工艺品商店、古董商店以及时髦的设计商铺。在出发前往下一条街前，可以在露天座位上细细品读这一带的韵味；而周围其他街道有

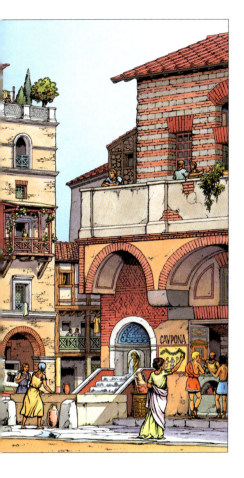

是奥古斯都为隔绝**苏布拉**街区而下令修筑的。自公元前1世纪以来，大量贫苦民众居住在苏布拉街区肮脏拥挤的公寓楼里，这里鱼龙混杂。自称维纳斯之子的恺撒也在那里居住过。

向右沿着托尔德孔蒂（Tor de Conti）街走，会从建于15世纪的**罗德岛骑士之家**（Casa dei Cavalieri di Rodi）的前面经过，之后从**格里洛宫**（Palazzo del Grillo）——有着13世纪的塔楼，在17世纪重修——的拱门下穿过，来到**格里洛坡道**（Salita del Grillo）。从坡上下来后前往图拉真市场，市场边的民兵塔（Torre delle Milizie）是保存最完整的中世纪罗马塔楼之一。

随着人口膨胀，公寓楼（拉丁语写作"insula"，本义为"岛屿"，也指一种多层建筑住宅，底层通常是店铺）的数量也不断攀升。最漂亮的公寓楼是用砖建造的，并且带有凉廊。但大多数情况下，房主更愿意用柴泥盖一些非常小的住房。罗马许多可怕的火灾就是从这些地方开始的。

你可以在阿尔多布兰迪尼别墅（Villa Aldobrandini）走走，为这段旅程画上句点。这个奇特的公共花园栖息在废墟之上。想进去的话，就右转到民族（Nazionale）街，接着右转到马扎里诺（Mazzarino）街，别墅的入口就在那里。

着彩色的老房子，有时还能看到沾着露珠的爬山虎，它们都留存着街区静谧的、原汁原味的魅力。穿过赛尔彭蒂（Serpenti）街（往左可以看到罗马斗兽场）就到了巴齐那（Baccina）街。如果这里的**地区市集**（Mercato Rionale）开着，整条街就会异常热闹。在街道的尽头，一堵墙上开了个门洞，透过它能从战神复仇者神庙巨大有力的圆柱一直眺望到卡比托利欧山。墙体有30多米高，

浴场里的生活

古代的浴场极其错综复杂，人们在那里既得到精神满足，也使得身体放松。古罗马人平均每天要花两个小时待在浴场，通常在白天的第八个时段（下午两点左右）到黄昏吃晚餐的时段。在这些免费（要么十分便宜）的公共场所，贵族、平民，甚至皇帝有时也会来洗浴净身或者做运动（跑步、举重、搏击、球类运动等）、阅读（在浴场内的图书馆）、听音乐，以及欣赏雕塑、马赛克画及其他用作装饰的杰作。此外，也有人来这里社交，大家会在浴池边、花园里、柱廊下或是会客室内交谈。浴场最开始允许男女混合，从哈德良统治时期开始，便通过设置不同房间或者制定不同性别入场时刻表的方式将男女分开（尤其在浴室，或是进行一些裸体竞技运动时）。这一切催生了一批做小生意的人出现，比如流动商贩、音乐家、诗人、哑剧演员还有皮条客。

浴场内除了泳池与承水盘，还有由大理石或整块花岗岩特制而成的浴缸。

阿格里帕是在罗马设立免费公共浴场的第一人，首座浴场建于公元前 25 年。在他之后，尼禄、提图斯、图拉真、卡拉卡拉和戴克里先竞相为罗马人修建最为壮观的浴场。根据自图拉真开始采用的建造规范，为了最大限度地利用光照，包含热水浴室、温水浴室、冷水浴室的浴场中心区域往往朝向西南或东北。更衣室和体育场则安置在两边。经过一场高强度的体育锻炼，洗澡的流程通常是首先进入烘干室或者蒸汽室汗蒸，然后再去热水浴室泡热水澡或去淋浴；接着进入温水浴室，人们可以从那里进入大殿（室内过渡厅）稍事休息；最后来到冷水浴室，在承水盘或者泳池的凉水里泡澡，来让身体变得结实。富人们带着奴隶来到浴场，奴隶们负责看管衣物，给主人按摩、脱毛以及做其他身体护理；穷人们只要能自己在墙上擦背，或者相互擦背就心满意足了。

卡拉卡拉浴场（Terme di Caracalla）建于 216 年，占地超过 10 公顷，可同时容纳 1600 人洗浴。这项工程动用了 9000 名工人，耗时 5 年完成。浴场装饰极其富丽堂皇（可前去梵蒂冈博物馆观赏运动员马赛克装饰），里边有许多雕塑，包括著名的《法尔内塞的的赫丘利》（*Ercole Farnese*）。冷水浴室中曾有两个巨大的花岗岩承水盘，如今作法尔内塞宫前的喷泉之用。浴场下方有一条可通车的迷宫式长廊（高 6 米，宽 6 米），还有一个磨坊和一座密特拉神庙，以及需要靠几百个奴隶费力维持运作的供水与供暖系统。

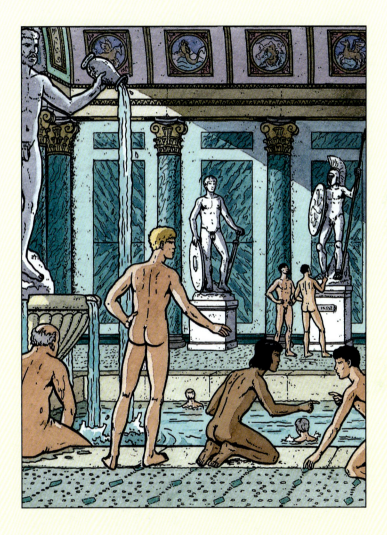

卡拉卡拉浴场位于
罗马斗兽场的正南
方向。首先走瑟利
欧·维本纳（Celio
Vibenna）街，然
后从圣格里戈里
（San Gregorio）街
一直走到马克西穆
斯竞技场。你在那
里向左转，前行
500 米就到了卡拉
卡拉浴场的入口。

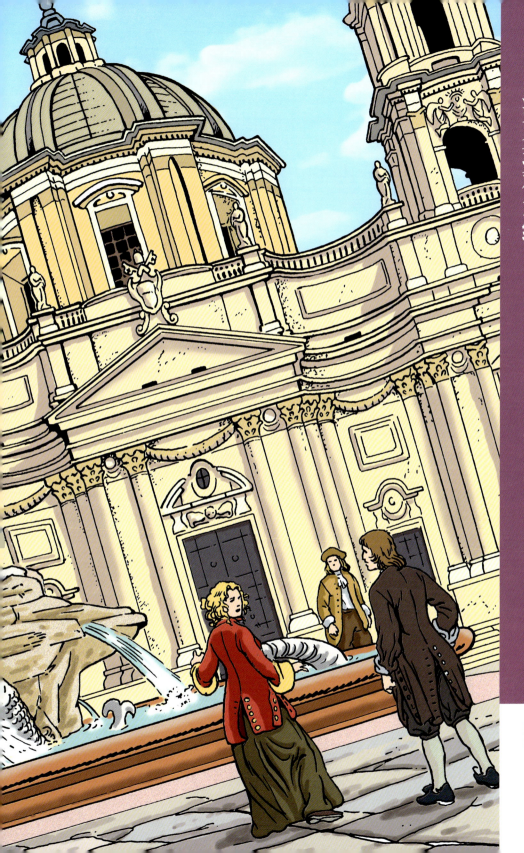

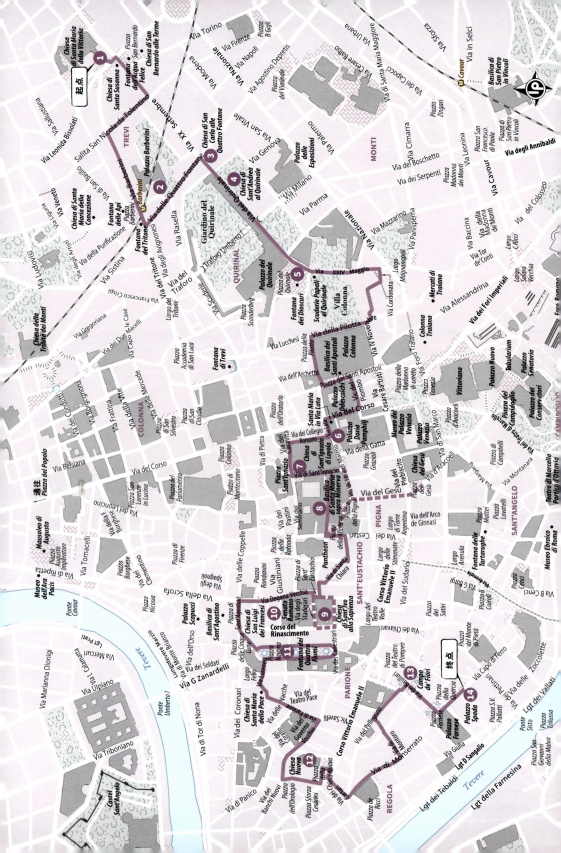

起点：维多利亚圣母教堂（位于"9 月 20 号"街 17 号）

终点：斯帕达宫（位于卡坡蒂菲罗广场）

游览须知：教堂经常会在 12：00—16：00 关闭（不过耶稣堂不一样，建议你在 16：30—19：00 参观耶稣堂）。科隆纳宫周六早上开放，圣依华堂周日早上开放（不过，从庭院看过去的美景绝对值得一观）

巴洛克式对角线

奎里纳尔山与历史中心区域

✳ 17 世纪，一种轰动一时的新风格在罗马诞生并迅速占据了教堂，使整座城市呈现出戏剧化的神圣感。这种风格充满活力，手法极为大胆自由，一些贬低者称其为"巴洛克"（源于葡萄牙语"barroco"，意为"形状不规则的珍珠"）。巴洛克风格并不否认文艺复兴与古罗马时期的艺术原则，但是为了达到新的艺术效果，它结合一切艺术形式并探索所有可能性——它扭曲了立面，描画着椭圆，雕塑出光线与阴影，产生张力，创造出令人眩晕的螺旋，玩转各种颜色、元素、材质、变形和幻觉。它竭尽所能制造动感、惊喜与生命力，让神界变得可知可感。

贝尼尼和博罗米尼是巴洛克艺术的两位大师级人物。他们将引导我们开启这段旅程。从贝尼尼那动情的作品《圣特雷萨的沉迷》开始，一直到博罗米尼采用的令人惊奇的视错觉透视画法。今天的线路将带我们穿过罗马城市中心的对角线，路途中你会看到皮埃特罗·达·科尔托纳（Pietro da Cortona）、波佐（Pozzo）、巴蒂斯塔（Battista）如何用画笔刺破天花板，让天国进入宫殿与教堂；如果对沿路遇到的其他艺术家感兴趣，也可以去观赏他们的作品，比如说基调阴暗的卡拉瓦乔、风格欢快的利皮（Lippi）；我们也会邂逅其他惊喜，比如说文艺复兴时期回廊中的咖啡馆，或者隐藏在街道角落的、古罗马时期的巨足雕塑。

❶ 维多利亚圣母教堂　　❺ 狄俄斯库里喷泉　　❾ 圣依华堂　　　　❸ 鲜花广场

❷ 巴贝里尼宫　　　　　❻ 多利亚潘菲利宫　　❿ 圣王路易堂　　　❹ 斯帕达宫

❸ 四喷泉圣卡罗教堂　　❼ 圣依纳爵堂　　　　⓫ 四河喷泉

❹ 奎里纳尔圣安德烈教堂　❽ 圣玛利亚密涅瓦教堂　⓬ 新堂

雕塑展示了科尔纳罗礼拜堂其中一个包厢的观众，他们正在评论《圣特雷萨的沉迷》

为了回收特里同喷泉的水，并为牲畜提供饮水，贝尼尼设计了蜜蜂喷泉（Fontana delle Api）。1915年，蜜蜂喷泉被翻修并搬至巴贝里尼广场一角，位于威尼托（Veneto）街。

✝ 从维多利亚圣母教堂到巴贝里尼宫

维多利亚圣母教堂（Chiesa di Santa Maria della Vittoria）❶ 修建于1608—1620年，主体受耶稣堂（参见83页）启发，结构简单朴素，却覆盖着极为浮华的巴洛克风装饰。其中藏着一颗瑰宝——科尔纳罗礼拜堂（Cappella Cornaro）。它是贝尼尼集合建筑、绘画和雕塑三种形式，展出其大作《圣特雷萨的沉迷》（Estasi di Santa Teresa d'Avila）的神圣剧场。壁龛紧闭的空间里，整个雕塑置于祭坛之上。祭坛上方有一些镀金的金属条，光线从顶上一个看不见的源头照下，被金属条反射。天使在空中微笑，圣特雷萨眼睛微合，如痴如醉。贝尼尼用一些褶皱诠释了她的呼吸与情感。整个作品将圣特雷萨获得神秘体验的奇异瞬间展

示得栩栩如生。旁边的雕塑中，科尔纳罗家族成员在他们的"包厢"里讨论得热火朝天：他们可能正在评论这唯有靠死亡才能解读的神秘瞬间。地板上充满生命力的骷髅正象征着死亡，这是贝尼尼惯用的艺术手法。

教堂对面坐落着建于16世纪末的费利切水道喷泉（Fontana dell'Acqua Felice），标示着一条古水道的汇入点，教皇西克斯图斯五世曾下令对其进行维修，并将喷泉冠以他的名字：费利切。喷泉中心的摩西雕像被大肆批评，以致其创造者沮丧至死。

穿过圣伯尔纳铎广场（Piazza San Bernardo），我们到达**圣苏珊娜教堂**（Chiesa di Santa Susanna），它与维多利亚圣母教堂相呼应。在教堂对面，我们能看到戴克里先浴场（参见64页）以前的圆形建筑，它于16世纪被

改为浴场圣伯尔纳铎堂（Chiesa di San Bernardo alle Terme）。沿着"9月20日"（XX Settembre）街走，右转到托伦蒂诺的圣尼古拉堂斜坡（Salita San Nicola da Tolentino），接着左转来到巴贝里尼（Barberini）街。巴贝里尼街上坐落着巴贝里尼宫，并通向同名的巴贝里尼广场。广场中间有贝尼尼最早的一批杰作之一——**特里同喷泉**（Fontana del Tritone）。

离开广场后，从左侧走上四喷泉街，如今**巴贝里尼宫**（Palazzo Barberini）❷ 的入口就设在此。宫殿内设立了国立古代艺术美术馆（Galleria Nazionale d'Arte Antica，参见本页）。即使不去参观美术馆，你也可以穿过围栏去看看巴贝里尼宫。修建宫殿是为了展现托斯卡纳的巴贝里尼家族的兴盛——家族后人坐上罗马教皇的宝座，成为乌尔巴诺八世（Urbano VIII）。巴贝里尼宫也表明了建筑开始向巴洛

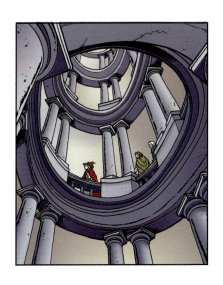

宫殿中的博物馆

巴贝里尼宫－国立古代艺术美术馆（Palazzo Barberini-Galleria Nazionale d'Arte Antica），皮埃特罗·达·科尔托纳的作品，《神圣天主的胜利》（Trionfo della Divina Provvidenza）在巴贝里尼宫大厅（贝尼尼设计）的拱顶延展开来，是巴洛克幻景式天顶画的代表作。馆藏里12—17世纪的绝美名画包括拉斐尔的《面包师之女》（La Fornarina）、菲利皮诺·利皮的《天使报喜》（Annunciazione）、小汉斯·荷尔拜因的《英格兰亨利八世的肖像》（Enrico VIII d'Inghilterra）、卡拉瓦乔的《纳西索斯》（Narciso）和《朱迪斯与赫尔弗尼斯》（Giuditta e Oloferne）。

科隆纳宫－科隆纳美术馆（Palazzo-Galleria Colonna），宫殿建于14—18世纪。相连的奢华大厅总长76米，镜面、黄金装饰以及吊灯闪闪发光，保留着17世纪的风采。内含很多壁画、家具、雕塑和15—18世纪的名画，例如阿尼巴尔·卡拉齐（Annibale Carracci）的《吃豆子的人》（Mangiafagioli）、布龙奇诺（Bronzino）的《维纳斯、丘比特和萨提尔》（Venere, Cupido e Satiro）、丁托列托（Tintoretto）的《纳西索斯》（Narciso）。

多利亚潘菲利宫－多利亚潘菲利美术馆（Palazzo-Galleria Doria Pamphilj），一座于17—18世纪重新整修的宫殿，拥有最为丰富的私人罗马艺术收藏，尤其是16—18世纪的欧洲艺术作品：拉斐尔的《与朋友的自画像》（Autoritratto con un Amico）、委拉斯开兹的《教皇英诺森十世肖像》（Ritratto di Innocenzo X）、提香的《莎乐美》（Salomè）、卡拉瓦乔的《逃往埃及途中小憩》（Riposo Durante la Fuga in Egitto）和《忏悔的抹大拉》（Maddalena Penitente）。

斯帕达宫－斯帕达美术馆（Palazzo-Galleria Spada），宫殿建于16世纪，之后由博罗米尼修缮（使用著名的视错觉画法）。馆内收藏的17世纪名画一定会让爱好者为之兴奋，如圭多·雷尼（Guido Reni）、圭尔奇诺（Guercino）、奥拉齐奥·真蒂莱斯基（Orazio Gentileschi）以及他女儿阿尔泰米西娅（Artemisia）的作品。

克风格过渡。宫殿于 1625 年起由卡洛·马代尔诺（Carlo Maderno）主持修建，最终在贝尼尼的指导下，由马代尔诺的侄子兼助手博罗米尼完成。整个平面图（一座面朝花园的别墅）由马代尔诺完成（可能是受贝尼尼影响）。立面、西侧的凉廊以及大台阶呈现的庄重感应归功于贝尼尼。边上带着奇特檐口的小窗户是博罗米尼的手笔，他还在右边的门廊下面建造了美丽的螺旋楼梯。从中间的门廊经过后有个斜坡，向右边走会通向一个意式花园。

圣卡罗教堂的回廊由博罗米尼设计，是体现和谐与纯净之美的珍宝，由于经费限制，建筑坐落在一个极小的空间。因而人们说整个教堂都能放入圣彼得大教堂的一根柱子里。

从四喷泉圣卡罗教堂到科隆纳宫

继续沿四喷泉街走，一直到同名的十字路口，那里装饰着四座喷泉（分别为台伯河、阿诺河、狄安娜与朱诺的形象）。奎里纳尔街的转角便是**四喷泉圣卡罗教堂**（Chiesa di San Carlo alle Quattro Fontane）❸，或称圣卡里诺堂（San Carlino）。这座教堂是精湛工艺与优雅外形结合的瑰宝。整体白色给人和谐的感觉，曲线与反向曲线划分出来的空间表现出引人注目的奇异张力。教堂、地下室、妙趣横生的回廊以及相邻的修道院全都修建在一块极小的空地里，整体呈半圆形。这是博罗米尼第一件个人作品。在他 35 岁那年（1634 年），因为三位一体修会的神父们给了他创作自由，他便无偿为他们设计修建了这座教堂。

在这条街稍低处，有另一座小巧雅致的巴洛克杰作，即**奎里纳尔圣**

安德烈教堂（Chiesa di Sant'Andrea al Quirinale）❹。两座教堂显示出了两位巨匠不同的艺术风格。同样是依照椭圆形平面图而建，奎里纳尔圣安德烈教堂将贝尼尼的特点展示得淋漓尽致：更加庄重、更加开放、更加流畅。教堂于 1658 年为耶稣会建造，由教皇赞助。这是贝尼尼最喜爱的作品，他晚年常常来此冥想。

接着沿着**奎里纳尔宫**（Palazzo del Quirinale）前行。这里曾经是教皇们夏天的行宫，现在变为了意大利总统府。宫殿由活跃于 16—17 世纪的著名建筑师设计，其中包括贝尼尼（他设计了祝圣用的凉廊及圆塔）。接着穿过奎里纳尔广场，旁边还有一个露台，从那里可以看到圣彼得大教堂。广场中心是**狄俄斯库里喷泉**（Fontana dei Dioscuri）❺，由罗马教皇主持修建，包含很多古罗马元素。在广场的另一边，宫殿以前的马厩（现在的奎里纳尔艺廊）被用作举办临时展览的场地。"5 月 24 日"（XXIV Maggio）街通往

巴洛克的两面：贝尼尼与博罗米尼

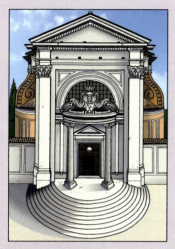

奎里纳尔圣安德烈教堂

吉安·洛伦佐·贝尼尼（Gian Lorenzo Bernini，1598—1680），意大利杰出的雕塑家兼建筑师，也是一名室内装饰家、戏剧大师，一位组织节庆活动的高手。这位多面能手、才华横溢的天才与那个年代的罗马完美契合（当时人们热衷于奢华的装饰）。他年轻时便结识了显赫一时的红衣主教希皮奥内·博尔盖塞（Scipione Borghese）——保罗五世的侄子、艺术嗜好者——和未来的乌尔巴诺八世巴里尼，可以说贝尼尼的成功之路几乎没有坎坷。为了完成各种订单，贝尼尼身边总围绕着人员众多的团队，他被视为17世纪罗马华丽宗教艺术的代表性大师。（参见113页的"天使之路"）

从山丘上望过去，罗马就好像一片漂浮着圆屋顶的大海。但屋顶下的每一座教堂都各不相同。博罗米尼设计的圣卡罗教堂，仿佛在几何形状——十字形、六边形、椭圆形——的琴键上演奏出的天国旋律。

另外一位巴洛克艺术大师弗朗西斯科·博罗米尼（Francesco Borromini，1599—1667）是一位石头"裁缝"，一位细致的、追求完美的建筑师。他主要从事修道院一类的建筑设计。同贝尼尼的热情洋溢、魅力十足相比，博罗米尼则是一位孤独内向且焦虑不安的天才（他按照古代的自杀方式，扑到剑上将自己刺死）。贝尼尼在壮观的艺术、庄重感与法则上更胜一筹；博罗米尼则更擅长规划隐秘的结构，利用他渊博的知识、对数学和几何的迷恋，以及对自然的喜爱，采取新颖的方式将自然元素（尤其是贝壳的结构）结合起来。贝尼尼批评他创造了一些华而不实的东西。两人一起工作了一段时间后，对彼此充满敌意，但巴洛克艺术则因其二元性变得更加丰富，就像他们俩乐观与阴郁（正如太阳与月亮）的性格一样。

四喷泉圣卡罗教堂

科隆纳宫（Palazzo Colonna）露台的花园，你从这条街走下去，在科尔多纳塔（Cordonata）小街右转，然后在特莱·卡纳勒（Tre Cannelle）街右转，接着在"11月4日"（IV Novembre）街右转。沿着迷人的皮洛塔（Pilotta）街直行，在我们头顶跨过的一些小天桥将花园与科隆纳宫连接起来。

如果科隆纳美术馆开门的话，就别错失这个探索豪华画廊的机会，这里完全留存着17世纪的氛围（参见79页方框）。在皮洛塔广场（Piazza della Pilotta）[可以在这里绕个弯，通过卢切西（Lucchesi）街直接前往特雷维喷泉]左转，穿过拱门，再左转后便可到达宗徒广场（Piazza dei Santi Apostoli）。这个长长的广场四周为庄严的巴洛克风格宫殿，其中奥德斯卡奇宫殿（Palazzo Odescalchi）的一个立面由贝尼尼设计。正对面是宗徒圣殿（Basilica dei Santi Apostoli）。圣殿外观风格混杂，但内饰完全为巴洛克风格。参观完奥德斯卡奇宫殿后，在皮昂波（Piombo）小路右转，你就到了科尔索大街，这是罗马历史中的标志性街道。

从多利亚潘菲利宫到圣玛利亚密涅瓦教堂

穿过科尔索大街后，右转沿着**多利亚潘菲利宫**（Palazzo Doria Pamphilj）❻建于18世纪的漂亮外墙（风格受博罗米尼启发）走，可以朝这个文艺复兴末期建造的正院望一眼。多利亚潘菲利宫建于15世纪，17—18世纪被翻

修。宫殿里坐落着多利亚潘菲利美术馆（参见79页方框），内有罗马艺术作品中一些最漂亮的收藏。接着出现在眼前的是拉塔（Lata）大街（现名科尔索大街）上最古老的圣玛利亚教堂，巴洛克式的立面由皮埃特罗·达·科尔托纳设计，唱诗席与主祭坛由贝尼尼设计。教堂与拉塔大街形成了一个转角，那里矗立着著名的、16世纪修建的**脚夫喷泉**（Fontana del Facchino）。它是罗马"会说话的雕塑"之一（参见94页方框）。接着，右转到罗马学院（Collegio Romano）街，再左转到卡拉维塔（Caravita）街，你便能看到迷人的**圣依纳爵广场**（Piazza Sant'Ignazio）。广场上有建于18世纪、外观呈内凹曲面的宫殿群，与"幕后"的街道构成一幕戏剧布景。在毫无装饰的**圣依纳爵堂**（Chiesa di Sant'Ignazio di Loyola）❼高墙后，是耶稣会成员安德烈·波佐（Andrea Pozzo，1642—1709）创作的

圣依纳爵堂：这是戏剧布景吗？

在耶稣堂:《神操》与巴洛克盛宴

耶稣堂是耶稣会的母堂,由维尼奥拉(Vignola)开始建造,贾科莫·德拉·波尔塔(Giacomo Della Porta)于1584年完工。耶稣堂是一座庄严而有力的建筑,是反宗教改革风格的典范。在教会势力重占上风的时期,教堂需要展现严肃的形象,且能让信徒大量聚集在宽广的中殿,以便看清布道人和主祭坛。耶稣堂内部有着大量繁复的巴洛克装饰,可以从中辨识出巴蒂斯塔和安德烈·波佐的手法。正如罗马很多教堂一样,这些装饰是教堂落成一个世纪后才补加的,不过它们与耶稣会创立者依纳爵·罗耀拉的精神完美契合,在依纳爵的著作《神操》(Exercitia Spiritualia)中,他邀请基督徒们在幻想中"观看"基督的生活场景。

巴洛克幻景画。波佐著有《论绘画和建筑的透视》(Perspectiva Pictorum et Architectorum),他利用光学原理在平坦的天花板上画出立体"穹顶"。在拱顶上,他描绘了耶稣将天父的圣光传递给依纳爵·罗耀拉,好让后者将光芒照射到世间每个角落的画面。整幅作品充分展示了安德烈·波佐的幻想以及由信仰产生的狂喜。

走出圣依纳爵堂后,左转到圣依纳爵街,然后右转到真福者安杰利科(Beato Angelico)街,从这里穿过**圣玛利亚密涅瓦教堂**(Basilica di Santa Maria sopra Minerva)❽的后门,然后从教堂前的广场出来。教堂于13世纪以哥特风格重建,并于15世纪和17世纪再次修缮。这座教堂兼博物馆内有画家弗拉·安杰利科(Fra Angelico)的坟墓,米开朗琪罗、菲利皮诺·利皮以及其他画家的作品。如果当天不能参观教堂,那你就绕道右转至皮埃迪·马默(Piè di Marmo)街,再右转到锡

每天接近17:30时,音乐声与《神操》朗诵声便在耶稣堂响起;与此同时,圣依纳爵堂祭坛的灯光逐渐亮起,圣徒雕像的面纱也被揭开。紧接着,整座教堂会被点亮。此时是最佳游览时间。

卡拉瓦乔，阴影与光明

如同贝尼尼和博罗米尼，我们在罗马到处都能遇到卡拉瓦乔（Caravaggio，1571—1610）的作品。这位画家来自伦巴第大区，在短暂而喧嚣的一生中，他大部分时间都待在罗马（却不得不在一场致命决斗之后逃离这座城市）。卡拉瓦乔的画作呈现出强烈的对比，既表现在对光线的运用上——明暗对照使画面充斥戏剧化的紧张感；也体现在对模特的选择上——妓女、搬运夫、女性化的男孩等。画家以现实主义手法赋予人物野蛮或性感的张力，这种风格使得他的一部分作品被赞助商拒绝。

耶纳的圣卡特里娜（Santa Caterina da Siena）街。途中，你会发现一个巨型大理石足部雕塑，这是一座古罗马雕塑的残骸。你也可以在这里绕道前往耶稣堂（参见 83 页方框）。在圣玛利亚密涅瓦教堂前，有一尊小象驮方尖碑雕塑（方尖碑建造于公元前 6 世纪），罗马人给它取了个昵称——"密涅瓦的小鸡"。这个奇异的雕塑组合由贝尼尼设计，是教皇亚历山大七世荣耀的象征，含义是"唯有坚韧的精神才能承担神圣智慧的分量"。

圣依华堂是博罗米尼最高艺术成就的体现。

从圣依华堂到圣王路易堂

经过桑塔奇亚拉（Santa Chiara）街和卡布塔里广场（Piazza dei Caprettari），到达圣尤斯塔修广场（Piazza di Sant'Eustachio）。在那里，我们可以在罗马最好的咖啡馆之一——圣尤斯塔修咖啡馆，坐落在广场左侧——喝上一杯。抿一抿嘴巴上微苦的咖啡沫，抬头看看如火焰般升起的奇

异白色螺旋——圣依华堂的顶塔——这是博罗米尼的杰作。这座引人注目的**圣依华堂**（Chiesa di Sant'Ivo alla Sapienza）❾ 掩藏在智慧宫（Palazzo della Sapienza）——罗马大学曾坐落于此——的深处，白色的外表与造型就像是一枚贝壳。建筑参照六边形平面图而建，它的头部、两对"翅膀"以及腹部让人想起了蜜蜂的外形。想要进去参观的话（也可以从庭院观看），你得从教堂的左侧绕行来到文艺复兴大街（Corso del Rinascimento）。要出去的话，就从教堂的右侧绕道斯塔德拉里（Staderari）街，回到高处的圣尤斯塔修广场。

再从夫人宫（Palazzo Madama）（建于 16 世纪，如今为参议院所在地）一侧的道加纳·维奇亚（Dogana Vecchia）街上去，便能抵达建于 16 世纪的**圣王路易堂**（Chiesa di San Luigi dei Francesi）❿。教堂外墙由贾科莫·德拉·波尔塔设计，墙面上有法国国王弗朗索瓦一世的蝾螈纹章。教堂里还保存着一组多美尼基诺（Domenichino）的壁画，以

及卡拉瓦乔展示马太生活的、最负盛名的三幅作品。在《召唤使徒马太》（*Vocazione di San Matteo*）的画面里，有一道象征着启示力量的强烈侧光，和女性化的、戴着羽毛帽子的青年形成了强烈对比。塑造这个青年时，卡拉瓦乔受到了合作人，也是工作室的学徒的启发。

纳沃纳广场四周

　　走出圣王路易堂后，沿着街道向左走，在第二个路口左转，来到圣阿戈斯蒂诺（Sant'Agostino）街，可以看到建于 15 世纪的**圣阿戈斯蒂诺教堂**（Basilica di Sant'Agostino）文艺复兴风格的雄伟立面。值得一提的是，教堂里收藏了卡拉瓦乔约创作于 1605 年的画作《朝圣者的圣母》（*Madonna dei Pellegrini*）。那个年代，这幅画被视为一大丑闻，因为卡拉瓦乔竟然将圣母玛利亚画成赤脚女人，像一个农妇；而那些朝圣者则满脚泥泞、蓬头垢面。

　　参观完教堂后，先经过拱门，再穿过五月广场（Piazza delle Cinque Lune）和通往**纳沃纳广场**的小门廊。纳沃纳广场跨越了几个世纪，却保持了古罗马体育场的形状（参见 44 页）。教皇英诺森十世在位时期，它被改为罗马巴洛克风的剧场，17 世纪所有最美妙的节庆都在这里举行。可惜如今一年到头，这里都被一些无聊的小摊位占领。要想领略广场的美，最好晚上再来，或是雨后——既可以避开人群，又可以欣赏反光的卵石路面——我们可以好好探索这块长方形广场的魅力。广场上三座漂亮的喷泉引人注目，四周

四河喷泉有一个将脑袋遮住的雕像，象征非洲尼罗河。贝尼尼通过这个姿势，表示那时人们尚未知道尼罗河的源头。

沛黎洛街的 19—41 号之间有一条带拱顶的阴暗通道，即阿塞塔里拱门（Arco degli Acetari）。拱门通往一个葱绿而宁静的庭院，时间仿佛在这里静止了。

的巴洛克宫殿与彩色房子在差异中带着和谐。贝尼尼和博罗米尼的作品在这里相遇：贝尼尼设计了广场中央的**四河喷泉**（Fontana dei Quattro Fiumi）❶，博罗米尼设计了俯瞰喷泉的**圣埃格尼斯教堂**（Chiesa di Sant'Agnese in Agone）起伏的立面和拱顶。甚至有人说贝尼尼特意让喷泉中的一个雕像遮住面部，用以表示对竞争者博罗米尼设计的教堂的蔑视。这不过是恶言中伤罢了，因为贝尼尼的喷泉在博罗米尼的教堂开工前两年就已经完工了。教堂上附加的小钟楼与内部惹人注目的大理石装饰一定程度上曲解了博罗米尼的初衷。想要靠近一点欣赏喷泉的话，我们晚上再回到这里（参见 94 页）。

在纳沃纳广场背后、台伯河沿岸，隐藏着很多迷宫一样交错分布的小巷和小广场。其中一些地方游客太多；另一些地方分外迷人，吸引了众多罗马本地人。和平（Pace）街就是其中一处。这是一条葱绿的老街，尽头坐落着皮埃特罗·达·科尔托纳设计的**和平圣母堂**（Chiesa di Santa Maria della Pace），教堂呈戏剧化的巴洛克风格，圆柱支撑着的半圆形门廊将街口封锁；和平街两侧，凹形的两翼通向后台般隐秘的小巷。和平圣母堂里还收藏着拉斐尔一幅名为《西比尔与天使》（Sibille e Angeli）的壁画。想去看看的话，先走到涅普顿喷泉（纳沃纳广场北面），再左转到洛莱耐西（Lorenesi）街，街道通往绿树成荫、趣味盎然的拉戈·费博（Largo Febo）广场，然后穿过对面隐蔽的小巷之一——和平小巷。接下来只需要选择一个歇脚的地方，是在文艺复兴时期的**伯拉孟特回廊**（Chiostro del Bramante）（从圆形大厅的左侧入口进去，楼上有家惬意的咖啡馆）？还是在罗马最古老的咖啡馆之一（建于 1900 年，至今仍座无虚席）的**和平咖啡馆**（Caffè della Pace）？

前往新堂和斯帕达宫

休息后重新出发，从和平街走下来，沿着帕里奥内（Parione）街直走，然后右转到老政府（Governo Vecchio）街。这是一条风景优美而热闹的街道，15 世纪末被重新整修，路边有文艺复兴时期的宫殿、创意商店、时髦的古着店。来到时钟广场（Piazza dell'Orologio），抬头看看左手边美丽的圣母像，这里便是**菲利普尼礼拜堂**（Oratorio dei Filippini）的一角。礼拜堂由博罗米尼主持修

和平街，远景是和平圣母堂的正立面

建，上面有一个优雅的小型钟塔，刻有典型的博罗米尼式涡形装饰。再从左边绕修道院一圈，瞧瞧它那曲线与折线交替而成的弯曲外墙。修道院隔壁是**新堂**（Chiesa Nuova）**⑫**。新堂采用反宗教改革的朴素风格设计，但内部完全以 17 世纪的巴洛克风格装饰，内有皮埃特罗·达·科尔托纳十分漂亮的壁画，展示了圣人菲利波·内里（Filippo Neri）的生活。

穿过维托里奥·埃马努埃莱二世（Vittorio Emanuele II）街，来到卡塔里（Cartari）街，然后左转到蒙塞拉托（Monserrato）街。这条街可是这个商业与手工业街区最为优雅的街道之一。坐落在此的一些贵族府邸——尤其是 2 号府邸以及里奇广场（Piazza de Ricci）的宫殿——的外墙上还留存着古罗马粗壁画（graffito）的装饰痕迹，这种装饰在 15—16 世纪的转折期十分流行。经过广场后，先朝左转到蒙托罗（Montoro）街，再右转到沛黎洛（Pellegrino）街。这条街通往**鲜花广场**（Campo de'Fiori）**⑬**，越接近广场就会越热闹。从鲜花广场出发，沿保劳里（Baullari）街直走到法尔内塞广场（Piazza Farnese），这里一下子又安静了不少。难道是被**法尔内塞宫**（Palazzo Farnese）威严庄重的气质影响到了？法尔内塞宫是罗马最漂亮的文艺复兴式宫殿之一，现在为法国驻意大利大使馆。宫殿由小安东尼奥·达·桑加罗（Antonio da Sangallo il Giovane）于 16 世纪初开始主持修建，建造过程中有众

多建筑大师参与，包括米开朗琪罗。穹顶上铺陈着阿尼巴尔·卡拉齐令人赞叹的壁画。

法尔内塞广场东南一角延伸出翁提（Venti）巷，通往迷人的橡树广场（Piazza della Quercia），那里有小教堂与高大的橡树。相邻的是卡坡蒂菲罗广场（Piazza Capo di Ferro），广场上坐落着**斯帕达宫**（Palazzo Spada）**⑭**。该宫殿在法尔内塞宫竣工 6 年后动工，最大的特色便是其奇幻的风格主义装饰。立面雕刻着古罗马时期的名人，包括恺撒；宫殿中庭主要是奥林匹斯诸神的雕像。宫殿中最让人好奇的便是"博罗米尼的透视走廊"，可以在内院观赏。从远处看，宫殿柱廊似乎长 35 米，尽头有一个看起来比真人高的雕塑；但事实上雕塑只有 60 厘米高，列柱形成的走廊也不过 9 米长。这便是天才博罗米尼利用视错觉完成的杰作。

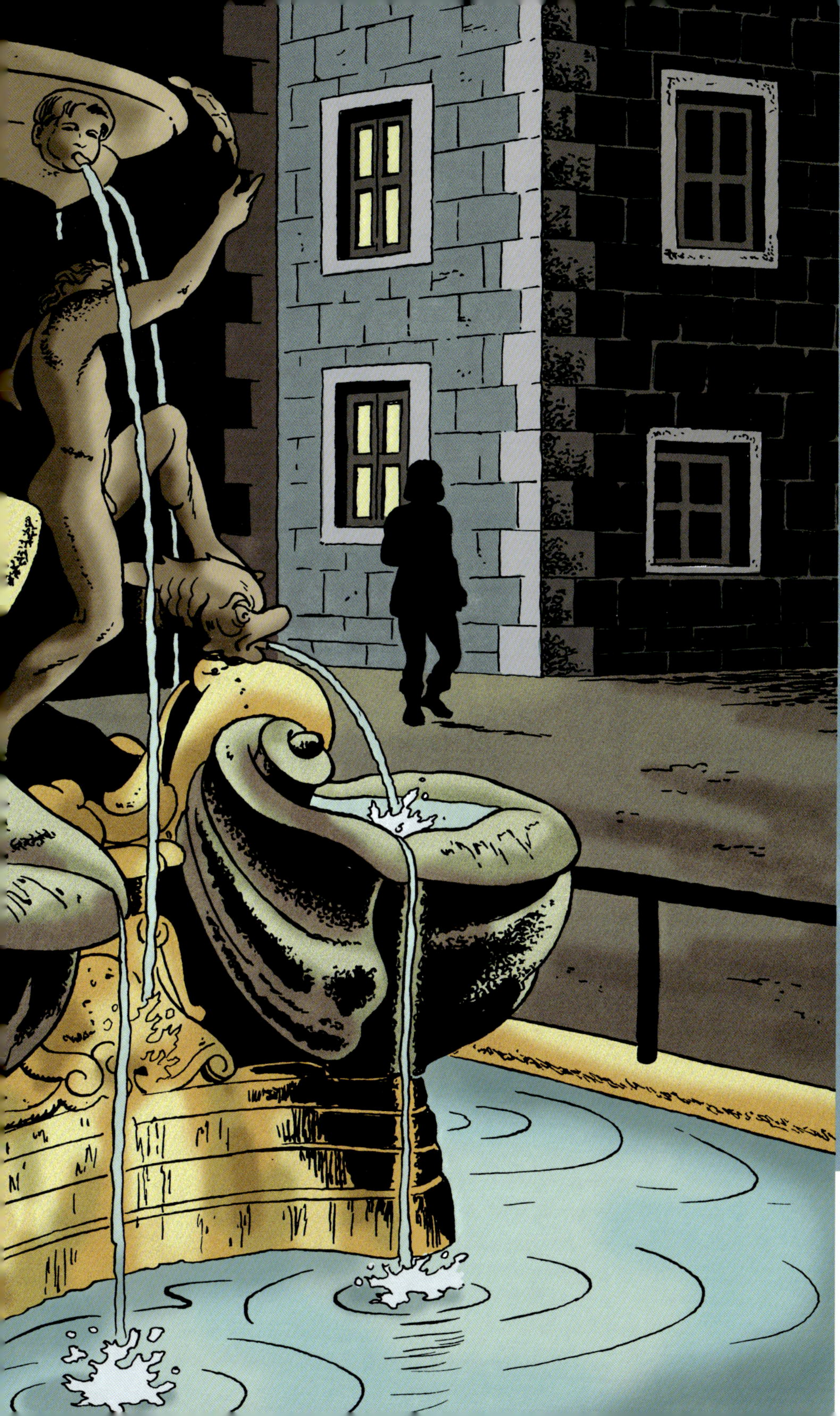

喷泉之夜

特雷维喷泉、纳沃纳广场与法尔内塞宫

起点：特雷维喷泉（位于特雷维广场）

终点：乌龟喷泉（位于马太广场）

游览须知：这条路线可以白天游览，但晚上会更美妙。要欣赏特雷维喷泉和纳沃纳广场的景色，最理想的时间是深夜或者黎明时分。

喷泉之夜

特雷维喷泉、纳沃纳广场与法尔内塞宫

特里同从海螺中吹出强劲的水柱，瀑布的水花溅到海仙女身上，年轻的美男子在水池嬉戏玩耍，古老的喷泉承水盘供牲畜饮水，恐怖的怪面饰淌出涓涓细流供人们饮用……水是平静的、野蛮的、跳动的、波光粼粼的、解渴实用的、做作浮夸的；水出现在每个角落，构成罗马城的奇景——到处都建有喷泉，有的朴素，有的夸张。罗马城本身就像是一股浪潮，因壮观的广场、豪华的喷泉和涌动的人潮而高涨；潮水退去后，向我们显现如一枚珍贵贝壳般的隐秘小广场；我们也因此不自觉地窃窃私语，以免干扰喷泉低语般轻微的水流声。这条线路同样从人潮拥挤的特雷维喷泉开始，喷泉蔚为奇观，以至于人们会忽视它背后的宫殿；然后我们来到空荡荡的小街小巷，这些地方藏着不显眼的宁芙神庙；不远处就是优美的乌龟喷泉。夜晚，营造氛围的灯光亮起，温和而神秘，奇幻美景就此展开。这些灯光设计在罗马大获成功，不仅突出了雕塑的光与影，还凸显出池中透明的水参差的玉石色和蓝色。

❶ 特雷维喷泉   ❸ 万神殿喷泉   ❺ 四河喷泉   ❼ 乌龟喷泉

❷ 科隆纳喷泉   ❹ 书之泉   ❻ 法尔内塞广场喷泉

✞ 特雷维喷泉

特雷维喷泉(Fontana di Trevi)❶真是令人眼花缭乱!仅仅这一座喷泉就能展现罗马的辉煌——罗马作为教皇城的奢侈、巴洛克艺术的想象力、供水的古水道、电影场景和历史传说。最出名的一个传说是,如果背对着喷泉许愿,再将一枚硬币扔进身后的水池,就一定能重返这座永恒之城。一旦确信真的能回到罗马,我们会不自觉地幻想穿着晚礼服迈进喷泉的场景,就像费里尼的电影《甜蜜的生活》(*La Dolce Vita*,1960)里衣着奢华的安妮塔·艾克伯格(Anita Ekberg)一样;或者至少离喷泉更近一些也行……毕竟现在的特雷维喷泉边上挤满了人。喷泉于18世纪中叶由尼古拉·萨尔维建造,背靠波利宫(Palazzo Poli)。

欣赏这座引人注目的喷泉就像是阅读一个故事。喷泉背景中心是凯旋门的形状,将基督教统治下罗马的辉煌与古罗马的荣耀连接起来。教皇克莱门特十二世的牧徽彰显了这位喷泉出资者的荣耀。喷泉左侧的小石板上雕刻着奥古斯都的女婿阿格里帕,正是他命人修建了为喷泉供水的维尔戈水道(Aqua Virgo)(公元前19年)。右侧石板上刻着年轻的贞女,据说她为罗马军队指示了泉眼所在的位置,水道因此得名("Aqua Virgo"直译为处女水道)。喷泉中心是海神涅普顿,他站在贝壳形状的二轮马车中间,驾驶马车的是特里同,他们驾驭着两匹海中骏马——一匹野性十足,另一匹却温顺

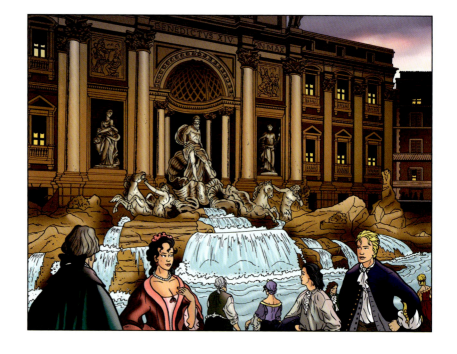

随和——分别象征可怕的暴风雨和能够让风暴平息的平衡之力。四周布满植物和乱石，从孔隙中流出的水溅开形成新的瀑布，这一切都让人想到大自然迸发的生命力。墙面壁龛里两尊更为端庄的雕塑分别象征"富贵"与"健康"，借以暗示这是教皇统治下的恩赐。

科隆纳喷泉、万神殿喷泉与书之泉

欣赏完特雷维喷泉，从喷泉最左边离开，经过克罗齐费力广场（Piazza dei Crociferi）、克罗齐费力街、萨比尼（Sabini）街，然后穿过科尔索大街，你便来到了**科隆纳广场**（Piazza Colonna，参见 39 页）。广场得名于马可·奥勒留圆柱（"Colonna"的本义即"圆柱"），坐落着优雅的**科隆纳喷泉**（Fontana di Piazza Colonna）❷。八角形的水池用玫瑰色大理石建造，上面装饰着狮子头像，由贾科莫·德拉·波尔塔于 16 世纪设计。喷泉上的海豚是 19 世纪增添的。离开科隆纳广场，沿着左边的贝尔加马斯基（Bergamaschi）街行走，它通向美妙的**彼得拉广场**（参见 39 页）；之后继续沿布洛（Burrò）街直走，左转抄布洛小巷，穿过隐秘的"后

台"来到戏剧布景般华丽的**圣依纳爵广场**（参见 82 页）。右手边的神学院（Seminario）街会带你来到**万神殿喷泉**（Fontana del Pantheon）❸，那里总是挤满了看热闹的人。喷泉由贾科莫·德拉·波尔塔于 1575 年设计，饰有许多漂亮的面具。1711 年，教皇中盛行安置方尖碑的风潮；克莱门特十一世在万神殿喷泉的石头底座上也立了一座，其巴洛克风格与万神殿简洁的几何感很不协调。

沿着万神殿的左侧行走，经过密涅瓦广场的小象驮方尖碑（参见 84 页），注意看教堂外墙上有许多石板，上面标示着台伯河洪水曾淹没到的高度；在 19 世纪末建筑拦水堤坝前，水位通常高得夸张。接下来朝右沿着圣嘉勒（Santa Chiara）街走，到达圣尤斯塔修广场。穿过广场左转到斯塔德拉里街，街上有两座喷泉：其中一座喷泉的花岗岩承水盘十分漂亮，取自尼禄浴场；另一座在左边更远一些的地方，叫作**书之泉**（Fontana dei Libri）❹，建于 1927 年。后者隶属于一个喷泉系列，其中的喷泉上分别装饰着代表每个街区的纹章。书之泉上装饰着书籍，与它背靠的罗马大学旧址相呼应；还刻有雄鹿头颅，让人联想到圣尤斯塔修。

贾科莫·德拉·波尔塔，意大利建筑师与雕塑家，他完成了圣彼得大教堂的穹顶，还设计了罗马众多的喷泉。其作品雅致而新奇，但经常在后来的修葺中被篡改。

纳沃纳广场上的三座喷泉

往右边走几米后，穿过文艺复兴大街，经过阿戈纳尔过道（Corsia Agonale）来到纳沃纳广场（参见 85 页），这里有三座喷泉。15 世纪修建时，喷泉还不过是普通水池（为刚迁至广场的市集活动供水）；16 世纪末，随着维尔戈水道的修复，其中两个水池根据贾科莫·德拉·波尔塔的图纸被改为大喷泉。但广场的舞台式华丽布景要追溯到 17 世纪，那时候教皇英诺森十世正主持修建宫殿、圣埃格尼斯教堂和宏伟壮观的**四河喷泉** ❺。喷泉由贝尼尼设计修建，水池中央是岩石堆砌的假山，被动物、花朵和水果包围，"世界四大河"从这里流出：象征非洲尼罗河的老人用头巾将脑袋严严实实地遮住，表示当时欧洲人尚未知晓尼罗河的源头；象征多瑙河的老人伸出他的双臂；象征拉普拉塔河的老人所坐的岩石上散落着金币，表示美洲的丰饶；象征恒河的老人手持长长的船桨。整

个雕塑上方还有一个埃及方尖碑，象征着太阳，柱顶是象征潘菲利家族的鸽子，教皇英诺森十世是该家族后人。

广场北面是**海神喷泉**（Fontana del Nettuno），我们可以欣赏到喷泉中央的海神涅普顿大战章鱼的场景，这是 19 世纪增添的雕塑。广场南面是**摩尔人喷泉**（Fontana del Moro），摩尔人试图抓住海豚的雕像是贝尼尼后来添加的。参观完这座喷泉，从右边的帕斯奎诺街离开广场，街道尽头矗立着**帕斯奎诺雕像**（Pasquino），是罗马最负盛名的"会说话的雕塑"（参见本页方框）。

从法尔内塞宫到马太广场

穿过帕斯奎诺微型广场，左转到勒塔利（Leutari）街，然后横穿维托里奥·埃马努埃莱二世大街，再朝偏左的方向走，从文艺复兴时期的文书院宫（Palazzo della Cancelleria）绕回鲜花广场。晚上这里热闹非凡，广场上的喷泉是一件复制品，原作被搬到了新

会说话的雕塑

帕斯奎诺雕像是罗马第一尊"会说话的雕塑"（Statue Parlanti）。这座古代雕塑已被严重侵蚀，15 世纪在纳沃纳广场出土后，它被放在帕斯奎诺街上直到今天。起初附近的大学生会在雕塑基座上张贴一些淫秽之词和尖锐的批评，后来居民也加入了，有人将此称为"讽刺诗"，教皇往往是攻击的对象。这种功能也延伸到城里的其他雕塑上，比如说拉塔街的脚夫喷泉，狒狒街上的狒狒喷泉，它们都被称为"会说话的雕塑"。统治者甚至威胁要将张贴讽刺诗的人处死，却也毫无效果。直到今天，这种行为偶尔还会出现。

朱利亚街上的怪面喷泉

堂前面。附近有一对漂亮的**法尔内塞广场喷泉**（Fontane di Piazza Farnese）❻，建于17世纪，其花岗岩承水盘取自卡拉卡拉浴场。

经法尔内西（Farnesi）街可到华美的朱利亚（Giulia）街（由教皇尤利乌斯二世于16世纪开辟）。经过拱门，你会看到右边有趣的17世纪的**怪面喷泉**（Fontana del Mascherone），它眼睛睁得巨大。

从这里到马太广场（Piazza Mattei）的一路上，你会邂逅各式各样的喷泉。经过怪面（Mascherone）街，右转到翁提巷，就可以看到斯帕达宫（参见87页）对面的喷泉；从左转到蒙特拱门（Arco del Monte）街，可以看到公典宫（Palazzo del Monte di Pietà）前的喷泉；经过斯拜奇（Specchi）街和卡提那利（Catinari）小巷，小巷左侧一个

庭院的尽头有一座洛可可式喷泉；接着经过贝内德托·凯罗里广场（Piazza Benedetto Cairoli），再次走木匠街，这是通往马太广场的最迷人的小道。**乌龟喷泉**（Fontana delle Tartarughe）❼便坐落在马太广场上。喷泉建成于16世纪末（1588年），出资方是对面马太宫（参见55页）的所有者——极负威望的马太家族；这也是波尔塔设计的最华美的喷泉。承水盘中，四个美少年将脚放在海豚雕塑上，并抓着它们的尾巴，后来又新增了乌龟雕塑，雕塑的弧形线条流畅自然，与水流相得益彰。从这里出发去犹太人区十分方便，你可以在那里品尝罗马风情的犹太美食；也可以去台伯岛（参见54页），夏日的许多节庆都在那里举办……

圣母祈祷与死亡教堂（Chiesa di Santa Maria dell'Orazione e Morte）位于朱利亚街的街口处，头颅、骨骼与沙漏组成了教堂立面上的一支"死亡之舞"，邀请着访者思索流逝的时间……

水的崇拜

"大鼻子"饮水泉总有源源不断的清澈水流，口感也很好（为了减少浪费，有人试图在上面安装水龙头，但会导致留存在铁质容器的水变得微温且不卫生）。要想学罗马本地人的样子，只要用手指堵住出水口，就会看到水从出水口上方的一个洞冒出来，这样喝起来十分方便。

　　罗马有 2000 多座喷泉，从不起眼的"大鼻子"（nasone）饮水泉（因其出水口弯曲的造型得名）到纪念性的"水道橱窗"（mostra d'acqua）——水道的门面，街区或是赞助家族向外界展示的"橱窗"。修建喷泉的传统可追溯到古罗马时期。公元前 4 世纪起，罗马人为了将山丘上的水运输到公共喷泉，便建立了第一条水道；到 4 世纪时，罗马已经在水道尽头建了 15 座宁芙神庙（专为宁芙仙女及水源之神修建的大型喷泉）、1352 座喷泉或牲畜饮水槽，更不用说 5 个巨大的海战剧水池（大规模水池，用于海战剧表演）、11 座浴场、856 个公共浴室和 254 个厕所了。帝国时期，罗马平均每天都会消耗一百万立方米左右的水，水被 11 条水道、8 条分水渠运输到城市中心。先进的技术概念、稳固的结构以及纯净的水质无一不体现着罗马人的天才。但自 6 世纪起，蛮族为占领城市破坏了水道，罗马陷入一片混乱。水道不能再为磨坊供水，也就无法生产面包；牲畜不能饮水，也就不再驮运；下水道臭气熏天，花园也逐渐荒废。于是人们遗弃了这座城市。帝国巅峰时期，罗马城居民曾接近 200 万，那时却下降到寥寥几千人，大家都逃去台伯河河湾居住了。

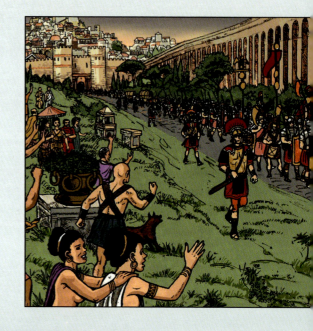

在文艺复兴时期，为了重振罗马，赋予它昔日的辉煌，教皇修复了以前的水道，并建立起新的水道和公共喷泉，兼具实用性与装饰性。一些纪念性喷泉成为教皇显示其慷慨仁慈与权力的工具，比如说四河喷泉、特雷维喷泉，还有贾尼科洛山上的帕欧拉喷泉，奎里纳尔广场上的狄俄斯库里喷泉。贵族们同样用一些壮观的喷泉装饰他们的宫殿和花园。这个传统一直持续到现在，典型的有波波洛广场的喷泉，共和国广场上的仙女喷泉（Fontana delle Naiadi）。在这些宏大建筑物的附近，还有数百个更为朴素，却往往更富诗意的小喷泉装点着小广场、街道转角或宫殿庭院深处，譬如拉塔大街的脚夫喷泉，坎皮特利广场上的喷泉，玛尔古塔（Margutta）街的艺术家喷泉（Fontana degli Artisti）。

到处都能看到"元老院与罗马人民"（拉丁语为"Senatus Populusque Romanus"）的缩写SPQR。它曾是罗马共和国和罗马帝国的标志，如今成为罗马的象征。

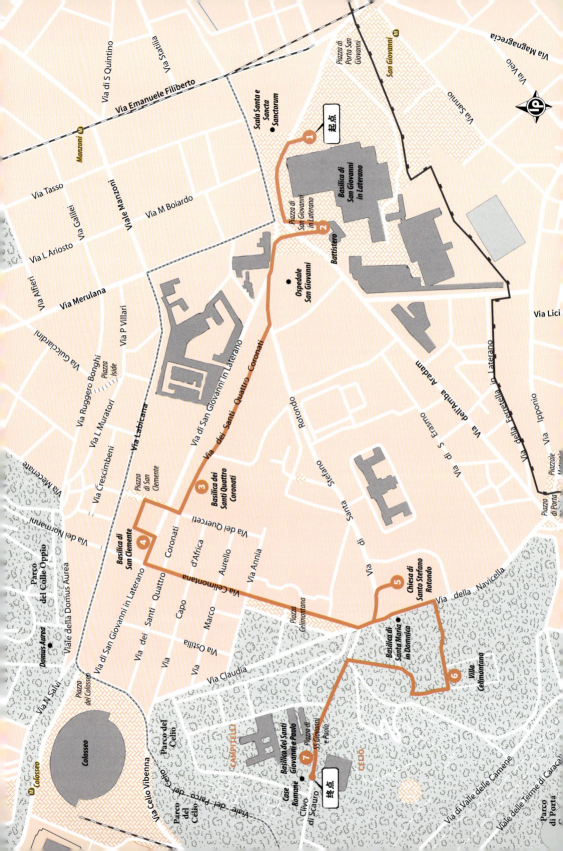

起点： 拉特朗圣若望教堂（位于圣若望门广场）

终点： 斯科罗坡道（位于罗马之家与切利蒙塔纳别墅之间）

游览须知： 这是一条打破常规的路线，能让你巧妙地避开人群。特别适合星期一游览，因为是博物馆闭馆日，但罗马之家和教堂却对外开放（尽管有些教堂会在中午关门，有些也在 8 月关闭）。

教皇时代的黎明

拉特朗圣若望教堂与西里欧山

西里欧山离罗马斗兽场不远，却隔开了喧嚣与热闹。在教堂有节律的钟声中，这一带保留着外省般的宁静，似乎从中世纪以来，就几乎没有任何变化。在这里，我们比在别处更能感受到古罗马末期到基督教兴起前那漫长而微妙的过渡岁月。正是在这城市的边缘，君士坦丁大帝于 4 世纪建立了罗马第一座基督教教堂——拉特朗圣若望教堂。1309 年之前，教堂附近是教皇的居所。西里欧山上大面积的花园提醒着我们，直到 19 世纪末，这里都还充满着乡间气息。山上历史悠久的教堂层出不穷，教堂地基中隐藏着富人住宅和平民公寓的遗址，这里也是基督教徒和密特拉教徒的秘密祭拜地。最壮观的建筑是圣克莱门特教堂，可以追溯到 1 世纪，深达 20 米；最奇特的当数圣斯德望圆形堂，其中的殉道者环形壁画是第一批殉道基督徒所受酷刑的图录；当游览到罗马之家时，我们会深入探索古罗马人的房子，感受它们从 2 世纪到 5 世纪的变迁。随处可见的马赛克装饰与壁画（其中一些色彩非常鲜艳）讲述着一个个故事，回廊、宁芙神庙与林荫道提供了清凉的"港湾"供你歇脚。

❶ 拉特朗圣若望教堂   ❸ 四殉道堂   ❺ 圣斯德望圆形堂   ❼ 圣若望及圣保罗堂

❷ 圣洗堂   ❹ 圣克莱门特教堂   ❻ 切利蒙塔纳别墅

✦ 罗马城门边的
拉特朗圣若望教堂

拉特朗圣若望教堂（Basilica di San Giovanni in Laterano）❶是异教向正统基督教过渡的显著标志，是君士坦丁大帝于 312 年凯旋之后建造的第一座大型教堂。教堂建立之初就包括一个圣洗堂和一座宫殿，直到 1309 年教皇迁往法国阿维尼翁前，这里都是教皇的正式驻地。如今这里依然是罗马的主教座堂——罗马主教（即教皇）的圣座所在。

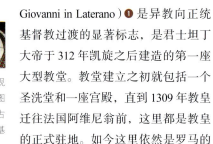

科斯马蒂艺术体现为一种彩色几何图形装饰风格，以古代大理石碎片为基本元素，于 12—13 世纪在罗马发扬光大。因最早起源于一个大理石加工世家——科斯马或科斯马蒂（Cosma/Cosmati）家族——而得名。

自君士坦丁时期建立以来，教堂经历数次整修，如今主要保留着原来的结构。建于 18 世纪的立面上竖立了 15 座雕像，其中包括耶稣、施洗圣若望[1]以及福音圣若望的雕像，教堂正是献给他们的。教堂的门廊下面矗立着一座古时的君士坦丁像。正如圣彼得大教堂，拉特朗圣若望教堂的圣门也只在禧年打开（参见 116 页）。大殿仍采用原初教堂五个中殿的结构，并在后续接连不断的翻修，特别是博罗米尼于 1650 年的改动中，加上了华丽的装饰。教堂内最为珍贵的是由成对的、扭绞的、镶嵌着古代大理石碎片的小圆柱连成的回廊，是 13 世纪初科斯马蒂艺术中的上乘之作。

毗邻教堂的**拉特朗宫**

（Palazzo del Laterano）于 16 世纪由多梅尼科·丰塔纳奉西克斯图斯五世之命重建，装饰着风格主义壁画，是教皇的居所。《拉特朗条约》也在此签订（1929年），可通过设于殿内的梵蒂冈历史博物馆（Museo Storico Vaticano）参观宫殿。

教堂所在街道的另一边坐落着多梅尼科·丰塔纳设计的另一座建筑，囊括了**圣阶**（Scala Santa），朝圣者会以跪拜的方式爬上去。根据口头流传的教义，这是耶稣在彼拉多宫攀爬过的台阶，后来在君士坦丁大帝的母亲海伦娜的指示下从耶路撒冷被运回罗马。28 级阶梯通向圣堂（Sancta Sanctorum）——中世纪旧宫殿内教皇的私人礼拜堂。圣堂里保存着珍贵的圣髑，装饰着大量 13 世纪的马赛克画与壁画。

环绕拉特朗宫一圈，回到西克斯图

---

1 "圣若望"（San Giovanni）为天主教常见译名，新教常见译名为"圣约翰"。

罗马基督教的崛起

312 年，君士坦丁大帝（307—337 年在位）率军在米尔维安大桥战役中战胜马克森提乌斯的军队。战胜方的盾牌上标记着一个神秘符号（凯乐符号），基督徒认为这是基督的标志。据说君士坦丁大帝在幻象中看到该符号并受到启示——"以此为记，必将得胜"。这位年轻的皇帝便皈依了基督教。作为胜者，君士坦丁颁布《米兰敕令》（313 年），保障了基督徒的信仰自由权。过去基督徒只能在私人住宅进行宗教活动，此后他们也可以建造大教堂了。然而，君士坦丁为了不触犯元老院贵族阶级，他鼓励基督徒将教堂建在城界外（圣彼得大教堂）或者城市边界（拉特朗圣若望教堂）。

尽管背教者尤利安（Giuliano l'Apostata，361—363 年在位）统治期间政策一度倒退，但旧世界还是不可避免地被撼动了。基督徒们因直面迫害的勇气，在弱小之躯面前表现出的美德以及他们的礼节教义，不断吸纳着新的皈依者。380 年，狄奥多西一世（Teodosio I）宣布基督教为国教。4 世纪末时，罗马超过三分之一的人口为基督徒。

如果说，324 年君士坦丁堡成为帝国的首都后，罗马便随之失去其至高无上的政治地位的话，那么在城内发现的圣彼得（使徒长）以及圣保罗（外邦人的使徒）的墓地，就又让作为圣座所在地的罗马重新找回了具有普世意义的合法正统地位。罗马主教因此以福音书为支撑，不遗余力地向世界昭示：自 7 世纪起，教皇这个称号正是为他们准备的。

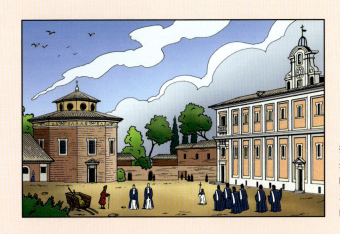

拉特朗圣若望教堂的圣洗堂受古罗马时期的陵墓启发而建，成为众多圣洗堂与教堂的建筑典范

斯五世主持修建的**拉特朗圣若望广场**（Piazza di San Giovanni in Laterano），这是罗马教会的地标之一。广场上竖立了一座方尖碑，方尖碑原本属于埃及底比斯城主神阿蒙的神庙（公元前15世纪），现在位于连接圣母大殿与拉特朗圣若望教堂的干道上。教堂的侧立面还加盖了"降福敞廊"（Loggia delle Benedizioni）。右侧的**圣洗堂**（Battistero）❷ 中心为八边形，受到古代陵墓设计的启发。尽管经过多次整修，却仍然保留着建筑原始的主体结构以及5世纪和7世纪的马赛克画。漂亮的斑岩柱包围着浸礼用的洗礼池，浸礼仪式最早由教皇在复活节当天亲自施行。

前往圣克莱门特教堂

穿过拉特朗圣若望广场，沿着左边建于17世纪的圣若望医院走，一直走到向右前方延伸的四殉道堂大街。这条省道通向**四殉道堂**（Basilica dei Santi Quattro Coronati）❸ 的隐修院。四殉道堂于13世纪专门进行了加固，以便在腓特烈二世军队攻入时充当避难所。毕竟在教皇与皇帝紧张的对峙时期，殉道堂始终处于威胁之下。

教堂建于4世纪，于9世纪时扩建，增添了带有钟楼的门廊；13世纪，又新增了迷人的回廊，且在圣西尔维斯特礼拜堂（Cappella di San Silvestro）新加了一组漂亮的壁画。壁画展示了关于君士坦丁大帝另一个版本的传说，认定王权服从于教权——在中世纪这是一个关系重大、饱受争议的话题。另外一组13世纪的壁画十分豪华，以至礼拜堂获得了"中世纪的西斯廷礼

圣西尔维斯特礼拜堂（位于四殉道堂内的隐修院中）的这幅壁画上，君士坦丁大帝的麻风病奇迹般地被圣西尔维斯特医治好了。君士坦丁大帝跪倒在教皇面前，为他加三重冕，并赋予教皇世俗与宗教权力的象征。下一幕是教皇圣西尔维斯特头戴冠冕，凯旋进入罗马城；君士坦丁大帝则徒步前行，并牵着教皇所骑之马的缰绳！

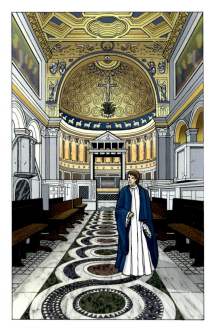

圣克莱门特教堂最上层

拜堂"的美称。这组壁画近年在隐修院的哥特大厅（Aula Gotica）出土。

接下来沿通向罗马斗兽场的街道向低处走，右转朝橡树街走，来到**圣克莱门特教堂**（Basilica di San Clemente）❹，开始一场时间回溯之旅。经过中世纪的庭院，进入建于12世纪的大教堂，下面藏有一座4世纪的建筑遗迹；再往下一层，则为你打开一个古罗马世界，这里能看到1世纪贵族住所留下的痕迹，还有平民集体公寓以及2—4世纪密特拉教信徒举行仪式的神庙遗迹；接着往深处去，能看到公元64年罗马大火中被烧毁的房屋。四种文明，四层地基，就这样层层叠叠堆积在一起。每一次，上个时代的遗迹就会被土层掩埋，成为新建筑的地基。作为

早期基督教教堂的复制品，最上层的大教堂因巴洛克装饰失去了整体的和谐感。教堂半圆形后殿还留有12世纪华美的马赛克装饰，十字架的造型如同生命之树，从一簇老鼠簕纹样中长出，其中叶饰旋涡（很可能受和平祭坛植物装饰图样启发）赋予画面中一大群小人物、精灵和动物生机与活力。两只雄鹿在活水边饮水的场景象征着洗礼，十二只鸽子象征着基督的十二位使徒。

在圣卡特琳娜礼拜堂（Cappella di Santa Caterina），有一组托斯卡纳大画家马索利诺·达·帕尼卡莱（Masolino da Panicale，1384—1447）的壁画。马索利诺描绘了"天使报喜""圣克里斯朵夫"，还有亚历山大港的圣卡特琳娜的生平。我们能看到卡特琳娜反对马克森提乌斯对基督教徒的迫害，被捕入狱，劝说皇后皈依基督教的画面；卡特琳娜被判处锯齿车轮刑，一位天使将她释放，但她最终被斩首。

地下教堂于19世纪被发掘，内有9—12世纪的壁画，其中有一些与教皇克莱门特一世（Clemente I，1世纪在位）有关。最负盛名的壁画创作于11世纪，并为主要角色绘上了台词，就像漫画一样。画中罗马行政官西西尼乌斯（Sisinnius）命令仆人将圣克莱门特扔出门去，仆人们却

圣克莱门特教堂半圆形后殿细节图

莫名其妙精神失常，把一根圆柱当成圣人拖了出去。突然失明的行政官大叫道："来呀，哥斯马里和阿尔贝特尔，用力拉呀……"而圣克莱门特早已溜之大吉，他评论道："你们真活该，还要费力拖着这些大石柱。"

教堂地下第三层的密特拉神庙里摆着一些石制长椅（被接纳入教的信徒便在这里举行用餐典礼）和供有雕像的壁龛；祭坛上面雕有戴着弗里吉亚软帽的神明，他正抓着用于祭祀的公牛的鼻孔。

西里欧山，充满乡野风情的罗马

从教堂侧门走出来，先朝右，再往左走到切利蒙塔纳（Celimontana）街。在同名的广场上，我们能看见**克劳迪奥水道**（Acquedotto Claudio）与建于公元10年的多拉贝拉拱门（Arco di Dolabella）的遗迹。左边不远处是旧时的圣三一医院（Ospedale dei Trinitari），正门上13世纪的马赛克装饰展示着耶稣欢迎重获自由的黑人奴隶与白人奴隶的画面。

走上圣斯德望圆形堂街，右转到通向**圣斯德望圆形堂**（Chiesa di Santo Stefano Rotondo）**⑤**的林荫道。这是一座于5世纪建造的奇特圆形教堂，参考了耶路撒冷圣墓教堂（Basilica del Santo Sepolcro）。15世纪外部的长廊被拆除后，教堂的面积变小了。1582年反宗教改革运动鼎盛时期，耶稣会会士找人在这里画了一组关于殉道者的壁画，展示了32个真实的暴行场景，目的就是锤炼年轻传教士的信念，毕竟他们背负着劝服欧洲北部民众重新信奉天主教的使命。

接下来你回到小船（Navicella）街，街上有按照一艘古代小船的模样建造的同名喷泉，同**多米尼加圣母圣殿**（Basilica di Santa Maria in Domnica）

密特拉教

从1世纪中叶开始，东方宗教在罗马传播开来，城内建造了百余座密特拉神庙。密特拉神源于古波斯的太阳神，他能为人们带来永福。祭拜时要宰杀一头公牛，以让它的血液焕发生命力和繁殖力。祭祀活动在隐秘的神庙举行，神庙里装饰着宇宙的象征符号；会有10—100名被接纳的信徒参与，且只有男性，他们会在象征性宰杀公牛后共享仪式晚宴。密特拉教似乎一度因其永福的承诺、其道德观念（颂扬博爱与忠诚）及其宗教仪式（洗礼，分享面包与葡萄酒，每年12月25日的神诞日）而与基督教分庭抗礼。密特拉教在士兵中广为传播，并获得了一些罗马皇帝的支持。然而，在经过2—3世纪的蓬勃发展后，它几乎在4世纪末消失殆尽。

对基督徒的迫害

　　1 世纪到 2 世纪初，针对基督徒的攻击时有时无，且主要表现为平民百姓间的敌视。公元 64 年尼禄对基督徒的大屠杀，与其说是出于迫害基督徒的意愿，不如说是为了给罗马城的火灾寻找替罪羊。在一段时间的相对和平共存后，在皇帝德西乌斯（250年）、瓦勒良、加里恩努斯（257—258 年），尤其是戴克里先、马克西米努斯（303—309年）统治时期，再次掀起对基督徒大规模的迫害，这个时期的迫害具有政治性，与基督徒拒绝参与帝国官方祭拜仪式有关。罗马政权通常对于外来的宗教信仰采取包容的态度，但基督教试图排斥并有意取代其他所有宗教，统治者因此采取了破坏性的手段打压基督徒。基督徒们被视作"异教徒"，遭受了极为残酷的暴行，但他们并不妥协，有一大批人因此殉道；而当基督教变为主流宗教后，基督徒也采取同样的手段迫害异端分子。

两处浅浮雕分别展示了圣保罗被斩首、圣彼得被钉上十字架的情景，于 1471—1474 年 完 成，用于装饰梵蒂冈教堂忏悔室主祭坛的华盖。

的柱廊一样，建造于 16 世纪。建于 9 世纪的圣殿和其他西里欧山上的教堂一样，经常被罗马老年人称为"乡间教堂"。它除了柱廊以外，其余部分鲜有改动。教堂的半圆形后殿完全由马赛克画装饰，包括极为壮丽的罗马卡洛林艺术杰作《圣母子》（Madonna col Bambino）。画中的教皇位于圣母脚下，头上顶着象征生者的方形光轮。

你可以从教堂左边进入**切利蒙塔纳别墅**（Villa Celimontana）❻ 参观。这里是一个漂亮的花园，包围着一个建于 16—19 世纪的"赌场"，装饰着异域植物、雕像、浅浮雕以及一座埃及方尖碑。罗马人喜欢来这里乘凉，在草地上野餐。夏天这里还会举办著名的爵士音乐节。

参观完便从侧面出来，来到一个小广场，这里的时间在古罗马与中世纪之间徘徊，最终似乎停在了 5—12 世纪建造的**圣若望及圣保罗堂**（Basilica dei Santi Giovanni e Paolo）❼ 周围。教堂的小钟楼建在克罗德神庙（Tempio del Divino Claudio）的遗址上，装饰着十字军东征带回来的陶瓷制品。根据口授教义，教堂建在圣若望与圣保罗的住所上，两人均在背教者尤利安统治时期殉道。经过挖掘与修复，如今可以通过建在中世纪拱廊上的斯考罗斜坡（Clivo di Scauro）进入房屋。房屋现在名为"西里欧罗马之家"（Case Romane del Celio）。事实上这是一座建于 3 世纪的住所，十分雅致，由两栋房屋合并而成，其中一栋是多层公寓。屋内有两幅壁画：一幅是神话主题的《掳走珀耳塞福涅》（Ratto di Proserpina），装饰着宁芙神庙花园；另一幅为《祈祷像》（Orans），证明这里曾被布置为隐秘的祈祷场所（是异教徒还是基督徒布置的呢？）。此外，屋内还有一个装饰有中世纪壁画的基督教祈祷室。这些场景很好地展示了基督教逐步融入异教环境的过程。

罗马婚礼：教堂风评

多米尼加圣母圣殿是最热门的婚礼教堂之一。要提前一年预定，才有机会在罗马最庄严的圣母像前交换婚戒。维拉布洛圣乔治圣殿也格外受新人喜爱。有什么能比这座散发田园魅力的小教堂更动人呢？而且不远处就是真理之口，结婚之前便可以去测试所承诺的爱是否为真。不过，最受欢迎的还是阿文提诺山的圣萨比那教堂（Basilica di Santa Sabina all'Aventino）和贾尼科洛山斜坡上的蒙托里奥圣彼得教堂（即坦比哀多礼拜堂所在地），后者不仅有供跪拜的蓝色垫子，还能在那里俯瞰罗马城建筑的圆顶。

地下墓穴

基督教的特殊符号 / 花押字

地下的公墓被称作"地下墓穴"（catacombe），随着需求的增加，墓穴不断往凝灰岩深处挖，交织成了体系庞大、环绕罗马城数百千米的地下通道网。在 3 世纪前，最早一批地下墓穴属于异教徒、犹太教徒以及基督教徒，大都是简单的地下坟墓。墓穴通道会延伸至几十米，因为城市大道两边的大墓地里已经没有空余地盘了。3—5 世

纪，基督徒围绕殉道者的墓地新建了大量地下墓穴。地下通道内，既有简陋的"墓洞"——开凿在墙壁上，也有墓室——带有半圆环形的拱顶，四周装饰着壁画。墓穴内的壁画见证着基督教符号艺术的兴盛，这些图案往往受异教主题启发：葬礼上的聚餐场景演变为基督徒关于圣体圣事的会餐；象征着和平的白鸽成为圣灵形象的象征；俄耳甫斯，引诱之人，成为"得人的渔夫"的象征；鱼——希腊文"ΙΧΘΥΣ"由"耶稣，上帝之子，救世主"（ΙΗΣΟΥΣ ΧΡΙΣΤΟΣ, ΘΕΟΥ ΥΙΟΣ, ΣΩΤΗΡ）这句话每个希腊语单词的首字母组成——成为耶稣的象征。5—6 世纪，随着殉道者的圣髑被运送回城，这些墓穴大部分被遗弃。16 世纪时，地下墓穴被重新发掘；和那些大型罗马教堂一样，这些墓穴也一并被纳入朝圣路线。

这块板将圣塞巴斯蒂安墓窟里一个很简陋的小墓洞盖住，板上刻着 8 岁大的死者亚提梅图斯（Atimetus）的墓志铭。上面仅有的一个锚（象征着坚定的信念）和一条鱼（象征着耶稣）标志着死者是基督徒。这是早期基督徒使用的暗号。

4 世纪末装饰豪华的墓室，位于迪诺·康帕尼（Dino Compagni）街的地下墓穴中

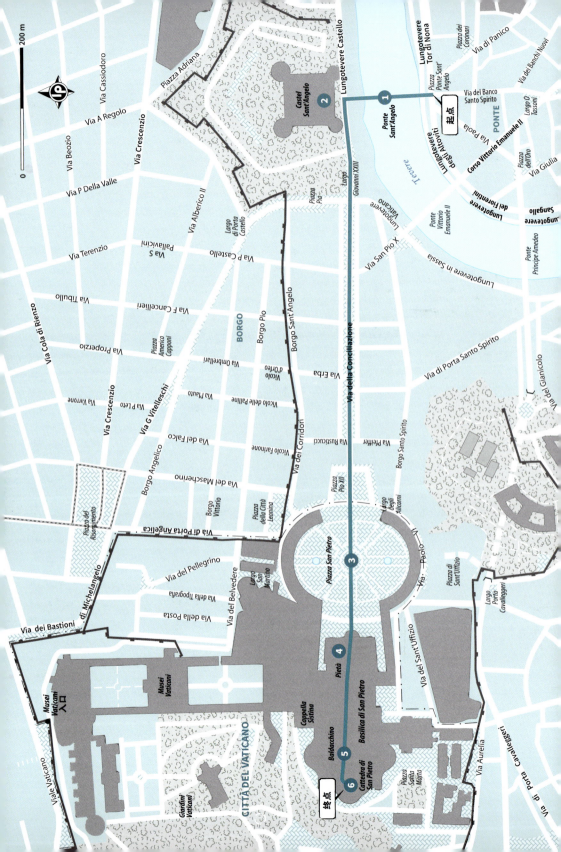

起点： 圣天使桥广场

终点： 圣彼得大教堂

游览须知： 这段线路最好在黄昏游览，那时候圣天使桥沐浴着晚霞，参观圣彼得大教堂的人也会少很多。

天使之路

博尔戈街区与梵蒂冈城

蔚为壮观的巴洛克场景在眼前展开，与水流、风、天使们相互映衬。这群带有神秘符号的天使长得很像人类。圣天使桥（又名哈德良桥）是通往两座大型陵墓——哈德良陵墓与圣彼得之墓——的凯旋大道。桥梁于 134 年建成，沿桥竖立了很多雕塑。桥上的行人仿佛被随行人员簇拥着，通往被神化的罗马皇帝壮观的陵墓。圆形陵墓上方有一个被绿植覆盖的穹顶，正中竖立着一个小圆塔。基督教统治时期，哈德良陵墓墓顶被拆掉。这里先后被改造成要塞、监狱、小教堂和宫殿，如今成了一座博物馆。但这座被使徒长墓地环绕的雄伟殿堂仍然保留了陵墓的建筑精髓，并在座圈上增加了圆顶，还用顶塔装饰。桥上的雕像改为天使雕像，陪伴朝圣者一同在天堂般的道路上前行。

天使之路

❶ 圣天使桥   ❸ 圣彼得广场   ❺ 华盖

❷ 圣天使堡   ❹ 米开朗琪罗的《圣母怜子》   ❻ 圣彼得的宝座

设计圣天使桥时，贝尼尼再次利用了持有耶稣受难相关符号 INRI 的天使形象。之前，他曾将这一形象做成银质小雕像来装饰宴会的餐桌，宴会是教皇为瑞典女王克里斯蒂娜举办的。

✝ 天使羽翼下

圣天使桥广场位于现名为**圣天使桥**（Ponte Sant'Angelo）❶ 的古代凯旋大道的一头，我们就相约从这里出发。桥的名字来源于教皇格列高利一世所见的异象：590 年，教皇携众人前往圣彼得大教堂，祈求可怕的鼠疫早日结束。来到桥上后，他看到天使长米迦勒显现，天使把剑插回鞘中，象征着鼠疫的结束。于是教皇便在这个陵墓兼要塞里，为天使长修建了一座礼拜堂与一尊雕像，并将这里命名为"圣天使堡"。桥也因此改名为"圣天使桥"。好几个世纪内，这座桥都是通往圣彼得大教堂的唯一通道；每到禧年，成千上万的朝圣者都会从这里经过。

对圣天使桥最大规模的一次整修是在 17 世纪，诗人教皇克莱门特九世拜托他的老朋友贝尼尼将其改造为一条具有象征意义的、通往圣城梵蒂冈的道路。贝尼尼设计了十座天使雕像，每一位天使手中都拿着一种耶稣受难的象征物：耶稣被绑的圆柱，鞭打耶稣的长鞭，士兵戴在耶稣头上的荆棘冠，圣维罗尼卡给耶稣擦脸用的面纱，士兵掷骰子决定谁能拥有的耶稣的长袍，将耶稣钉在十字架上的钉子，耶稣受难时被钉的十字架，以及拉丁文铭文"INRI"（Iesus Nazarenus Rex Iudaeorum，含义是"拿撒勒人耶稣，犹太人的王"），一位士兵递给耶稣吮吸的、用醋浸过的海绵，耶稣死后士兵刺穿他肋部的长矛。贝尼尼设计了所有的模型，并交付团队里最出色的艺术家来完成。他本人只雕刻了持有荆棘冠和铭文 INRI 的两尊天使雕像。教皇觉得这两尊雕像太过精美，便将它们妥善保存（陈列在弗拉特圣安德烈圣殿内，参见 143 页），转而将两件复制品放在桥上。

桥上成双成对的天使雕像通过它们的肢体动作的巧妙呼应、衣褶本身显露出来的情感以及象征着征服死亡的笑容带领你展开戏剧化的旅程。我们一直走到天使长米迦勒雕像面前：这座巨大的青铜雕像矗立在城堡高处，直指云霄，天使正将剑插回鞘中。雕像由弗拉芒雕塑家弗沙费尔特（Verschaffelt）于 18 世纪创作，是表现向格列高利一世显现的战斗天使长的众多作品之一。另

外一座更为古老的雕像位于**圣天使堡**（Castel Sant'Angelo）❷的平台上。圣天使堡起码有三处不容错过的景观：其一，震撼人心的螺旋式楼梯（宇宙的象征）——丧葬队伍曾带着皇帝的遗骸从这里走过；其二，教皇住所中奢华的内饰，宗教与神话图样共存（其中包括丘比特与普赛克的爱情故事）；其三，从圣天使堡的平台望出去的绝佳全景——普契尼的歌剧《托斯卡》最后一幕（女主角从平台一跃而下）使其永垂不朽。

抵达圣彼得广场

协和大道（Via della Conciliazione）引领我们一步步走向**圣彼得大教堂**（Basilica di San Pietro）。教堂巨大的穹顶由米开朗琪罗设计，高达136米。这条笔直宽敞的大道是1929年教会圣座与意大利共和国和解并存的象征，道路两边是一些文艺复兴时期的宫殿。然而，当大道在宏伟的**圣彼得广场**（Piazza San Pietro）❸前分散为中世纪时期的小街小巷时，便削弱了带给朝圣者的惊喜感。圣彼得广场容纳在此聚集聆听教皇"降福罗马城及全世界"（Urbi et Orbi）演说的人群。广场由贝尼尼设计，两座半圆形的柱廊就像教堂张开的双臂，迎接来自五湖四海的人们。柱廊包围起来呈椭圆形，短轴为196米，每个柱廊由四排柱子（共284根）组成。如果我们站在椭圆广场的一个焦点（由一块特殊的地板标示）上，便只能看到一排柱子。在广场的中间矗立着一座方尖碑，由教皇西克斯图斯五世于1586年从竞技场遗址搬运至此；尼禄曾经在竞技场迫害最初一批基督徒，其中包括圣彼得。

耶稣被钉于十字架上时，士兵递给他用醋浸泡过的海绵，这并不是我们普遍认为的嘲弄的行为，反而是出于同情。那个时代，掺了水的醋（posca）是罗马士兵的饮料，喝醋被视为一种灵验的解渴方法。

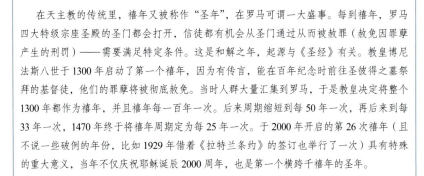

禧年与圣门

在天主教的传统里，禧年又被称作"圣年"，在罗马可谓一大盛事。每到禧年，罗马四大特级宗座圣殿的圣门都会打开，信徒都有机会从圣门通过从而被赦罪（赦免因罪孽产生的刑罚）——需要满足特定条件。这是和解之年，起源与《圣经》有关。教皇博尼法斯八世于1300年启动了第一个禧年，因为有传言，能在百年纪念时前往圣彼得之墓祭拜的基督徒，他们的罪孽将被彻底赦免。当时人群大量汇集到罗马，于是教皇决定将整个1300年都作为禧年，并且禧年每一百年一次。后来周期缩短到每50年一次，再后来到每33年一次，1470年终于将禧年周期定为每25年一次。于2000年开启的第26次禧年（且不说一些破例的年份，比如1929年借着《拉特兰条约》的签订也举行了一次）具有特殊的重大意义，当年不仅庆祝耶稣诞辰2000周年，也是第一个横跨千禧年的圣年。

1575年的禧年吸引了全欧洲超过30万名的朝圣者。到了1825年时，朝圣者超过50万。禧年既是宗教盛事，也是获取经济来源以及大工程动工的契机。2000年的禧年，罗马接待了超过2000万的朝圣者与游客，城内有数百处工地开工。

柱廊顶部的圣人雕像长列让这个壮观的广场变得生气勃勃，鸣响了"圣彼得之墓"交响曲的前奏。1506年，建筑师多纳托·伯拉孟特（Donato Bramante）受命于教皇尤利乌斯二世，重修这座自君士坦丁时期便开始兴建的教堂。教堂花费超过一个半世纪的时间完成，不计其数的艺术家为之贡献心血。其中教堂穹顶与祭台最终的造型由米开朗琪罗设计，立面由卡洛·马代尔诺完成。

圣彼得大教堂的天使们

登上圣彼得大教堂的阶梯后，我们先向两位皇帝的雕像致礼：一位是被视为首位基督徒皇帝的君士坦丁大帝，由贝尼尼雕刻，放置于自柱廊最右侧延展的皇家楼梯（Scala Regia）下方；另一位是首位在圣彼得大教堂加冕（800年）的查理大帝，其雕像则放置于柱廊最左侧。教堂最右侧的圣门会在禧年由教皇开启。接着，欣赏完**米开朗琪罗的《圣母怜子》**（*Pietà*）❹（它位于右侧的第一个礼拜堂）后，再次跟着天使们一路前行。圣水池旁边，一些比前来浸洗念珠的基督教徒更高大的小天使塑像衬托出了教堂的规模：长187米，穹顶高119米。

在线条清晰的巨大穹顶之下，便是乌尔巴诺八世命贝尼尼设计的圣彼得之墓的**华盖**（Baldacchino）❺。游客进入教堂后，首先映入眼帘的即圣彼得之墓——天主教会及罗马教皇圣座创始者的象征。贝尼尼为了更好地回应这项艺术挑战，在华盖顶上设计了四尊镀金的青铜天使，呈现出令人眼花缭乱的精致感，在四根巨大的螺旋柱间透露出威严。巨柱从地面高耸而出，交织成盖顶中心的涡形结构，支撑着一个圆球和上方的十字架。天使仿佛来到有形世界的信使，试图寻找凡人，带他们感受神圣的体验。蜜蜂

米开朗琪罗设计了圣彼得大教堂的穹顶，但他分毫不取，以此表示对上帝荣耀的敬意。穹顶在他去世后完工

梵蒂冈

　　想继续参观大教堂的话，既可以向上登上圆顶，也可以向下深入地下洞窟。洞窟里，我们能看到最初的大教堂的遗址、多位教皇的坟墓以及历史艺术博物馆（Museo Storico Artistico）中的珍宝。大教堂地下的圣彼得之墓与大型公墓优先向朝圣者和考古学家开放，若要参观，必须提前向文物挖掘部门申请。梵蒂冈博物馆（距圣彼得广场 15 分钟步行路程）里陈列着丰富的展品，别指望一天内全部欣赏完。如果想快速游览一下，可以优先参观绘画展厅（内有 11—19 世纪的画作）和庇奥·克莱门提诺展馆（Museo Pio-Clementino），后者内有古希腊与古罗马时期的雕塑——《观景殿的阿波罗》（Apollo del Belvedere）、《拉奥孔》等——以及拉斐尔房间（Stanze di Raffaello）与西斯廷礼拜堂。

佩戴三重冕是教皇的加冕礼习俗，庄严而肃穆；后来教皇保罗六世将其废除。

教皇牧徽上的钥匙

　　圣座与梵蒂冈教皇国的纹章上有两把钥匙，象征着基督赋予使徒圣彼得的权力。两把钥匙倒着朝上交叉成十字形。金色的钥匙象征着天国的权力，银色的钥匙象征着世间的权力。钥匙上方是教皇的三重冕，由三个皇冠层叠组成，象征着教皇的三重权力：世俗君王之父、世俗世界的摄政者、基督在世的代表（教皇失去世俗权力后，便象征着宗教神圣秩序治理权、审判权与教义权）。最上方有一个小球与一个黄金十字架。

　　罗马教堂的立面上通常都有两枚纹章：一枚是在任的教皇牧徽，另一枚为教堂所属教会机构的勋章。纹章上的元素与教皇以及枢机主教（或其他人）、他们的传统、他们的生活主张息息相关，比如说，本笃十六世的牧徽上有摩尔人和熊，与他曾在巴伐利亚任主教的经历相关；上面的贝壳则象征着朝圣者和天主永恒。纹章四周会有一些昭示所属者的威严以及权力的符号。每一个教皇牧徽上都有钥匙——象征继承自圣彼得的权力——和三重冕（在本笃十六世的牧徽中，三重冕被简单的主教冠取代）。枢机主教的牧徽上有一顶红色帽子，左右各饰有 15 根穗带；普通主教的牧徽上则是绿色帽子，两侧各有 10 根穗带；主要神职人员的牧徽上也是绿色帽子，但两侧的穗带各有 6 根。

（巴贝里尼家族的标志）与太阳图案装饰让这件巴洛克风格杰作成为教皇乌尔巴诺八世功绩的颂歌。

　　其他天使守候在教堂的阴影中。教堂半圆形后殿有**圣彼得的宝座** ❻（Cattedra di San Pietro），被视为圣彼得的木头椅子，事实上制作于中世纪。宝座镶嵌在一个圣物箱上，由两个天堂使者守卫，并被炫目的金色光轮与小天使托离地面。背景上一只白鸽（象征圣灵）从贝尼尼创作的这一神圣奇迹中升起。大教堂中贝尼尼的另一件杰作即圣体礼拜堂（Cappella del Santissimo Sacramento）。礼拜堂被圣体柜分成两部分，灵感源于伯拉孟特设计的坦比哀多礼拜堂：两位祈祷的天使呈对称状分立左右，一位朝向圣体柜，另一位朝向领圣体者。圣体柜顶上的天使让我们想到安东尼奥·卡诺瓦（Antonio Canova，1757—1822）设计的斯图亚特纪念碑上的天使；司汤达为之动容，并形容其为"一种温柔而纯真的美丽"。最后，我们可以在教皇亚历山大七世之墓（贝尼尼最后几件作品之一）附近结束这段旅程，向死神瞥上一眼，看他如何像在一出戏剧中一样拉开帷幕，摇晃着他的沙漏。

安东尼奥·卡诺瓦的作品将新古典主义的纯粹与浪漫主义的感性结合在了一起。

15—18 世纪罗马教廷的荣耀

在教廷迁往阿维尼翁及天主教会大分裂时期结束后，教皇终于在 1420 年回到罗马。当时城市被毁、城内人口剧减，多位作为资助者的教皇致力于重新赋予罗马与教会圣座相匹配的奢华与荣耀。与此同时，他们推进城市化进程，以接待禧年间成千上万来到罗马的朝圣者。15 世纪末，教皇尼古拉五世（1447—1455 年在位）建立了被视为人文主义象征的梵蒂冈图书馆。教皇西克斯图斯四世（1471—1484 年在位）对城市进行了整修，并建立了西斯廷礼拜堂，礼拜堂由波提切利、基尔兰达约和佩鲁吉诺（Perugino）装饰。16 世纪初，尤利乌斯二世（1503—1513 年在位）和利奥十世（1513—

1521 年在位）邀请了天才艺术家伯拉孟特、拉斐尔与米开朗琪罗重建圣彼得大教堂并装饰梵蒂冈城。然而 1527 年的"罗马之劫"让城市变得千疮百孔。当时马丁·路德（Martin Luther）领导的宗教改革也威胁着教会生存。保罗三世（1534—1549 年在位）重拾前任教皇们的事业：他邀请米开朗琪罗继续完成原本由克莱门特七世下令在西斯廷礼拜堂绘制的《最后的审判》，并赐予米开朗琪罗圣彼得大教堂"终身建筑师"的称号。他还主持召开特伦托会议（1545—1563 年），旨在着手进行天主教改革，或称反宗教改革。为了让教徒重新信仰天主教，教会动用了所有力量。尤其是在艺术方面，西克斯图斯五世（1585—1590 年在位）开辟了多条交通干线，并竖立起方尖碑。罗马被教堂覆盖。在壮丽而肃穆的耶稣会艺术浪潮之后，从 1620 年起，随着艺术巨匠贝尼尼与博罗米尼（参见 81 页），大资助者教皇乌尔巴诺八世（1623—1644 年在位，资助了巴贝里尼宫、圣彼得大教堂的华盖）、英诺森十世（1644—1655 年在位，资助了多利亚潘菲利宫、纳沃纳广场）与亚历山大七世（1655—1667 年在位，资助了圣彼得大教堂的柱廊与圣彼得的宝座）的出场，巴洛克艺术蓬勃发展。戏剧般的配景、数不尽的喷泉以及奢侈的收藏品的涌现，这一切都促进了罗马的辉煌与教会的胜利。

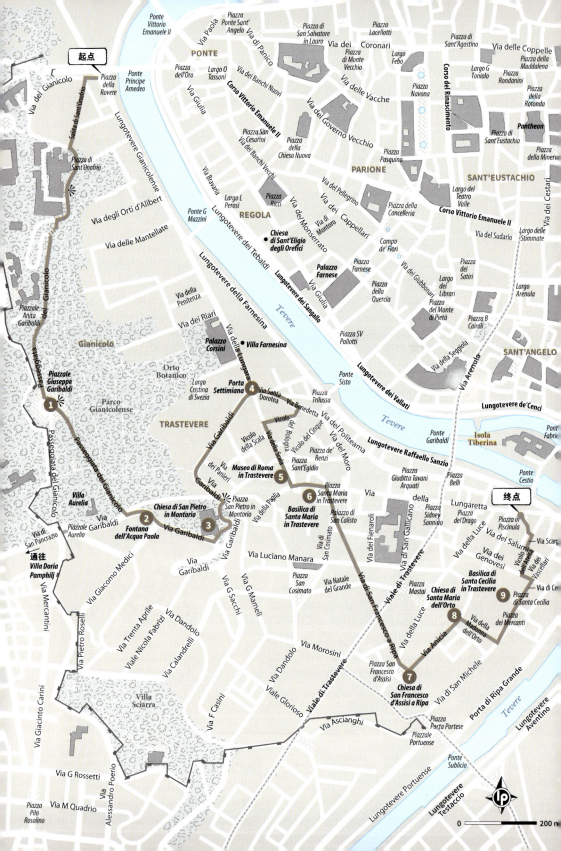

起点

Ponte Vittorio Emanuele II

PONTE

Piazza Ponte Sant' Angelo

Via Paola

Via di Panico

Piazza di San Salvatore in Lauro

Piazza di Monte Vecchio

Via dei Coronari

Largo Febo

Piazza di Sant'Agostino

Via delle Coppelle

Piazza della Maddalena

Largo G Toniolo

Piazza Rondanini

Piazza di San Onofrio

Via del Gianicolo

Piazza della Rovere

Ponte Principe Amedeo

Piazza dell'Oro

Largo O Tassoni

Via dei Banchi Nuovi

Via delle Vacche

Piazza Navona

Corso del Rinascimento

Pantheon

Piazza della Rotonda

Salita di Sant'Onofrio

Via Giulia

Corso Vittorio Emanuele II

Piazza San Cesarini

Via dei Banchi Vecchi

Piazza della Chiesa Nuova

Piazza Pasquino

PARIONE

SANT'EUSTACHIO

Piazza di Sant'Eustachio

Piazza della Minerva

Lungotevere Gianicolense

Ponte G Mazzini

Largo L Perosi

Piazza Ricci

Via del Pellegrino

Piazza della Cancelleria

Largo del Teatro Valle

Via dei Cestari

REGOLA

Via de' Banchi Vecchi

Via del Monserrato

Via dei Cappellari

Campo de' Fiori

Corso Vittorio Emanuele II

Via del Sudario

Largo delle Stimmate

Via delle Mantellate

Chiesa di Sant'Eligio degli Orefici

Palazzo Farnese

Piazza Farnese

Piazza dei Satiri

Lungotevere della Farnesina

Via della Penitenza

Via dei Riari

Lungotevere dei Tebaldi

Lungotevere dei Sangallo

Via Giulia

Piazza della Quercia

Largo dei Librari

Piazza del Monte di Pietà

Piazza B Cairoli

Largo Arenula

Piazzale Anita Garibaldi

Gianicolo

Palazzo Corsini

Villa Farnesina

Tevere

Piazza SV Pallotti

Ponte Sisto

SANT'ANGELO

Orto Botanico

Largo Cristina di Svezia

Via della Lungara

Porta Settimiana

Piazza Santa Dorotea

Via Santa

Piazza Trilussa

Lungotevere dei Vallati

Lungotevere de' Cenci

Piazzale Giuseppe Garibaldi

Parco Gianicolense

1

Via Garibaldi

Via dei Panieri

Via Benedetta

Via del Politeama

Via del Moro

Vicolo del Cinque

Via del Bologna

Piazza Sant'Egidio

Piazza de' Renzi

Tevere

Ponte Garibaldi

Isola Tiberina

Ponte Fabric

Lungotevere Raffaello Sanzio

Passeggiata del Gianicolo

TRASTEVERE

Vicolo della Scala

Via della Scala

Museo di Roma in Trastevere

5

Piazza Santa Maria in Trastevere

6

Piazza Giuditta Tavani Arquati

Piazza Belli

Ponte Cestio

终点

Villa Aurelia

Piazzale Garibaldi

Fontana dell'Acqua Paola

Chiesa di San Pietro in Montorio

2

Via Garibaldi

3

Piazza San Pietro in Montorio

Via della Paglia

Basilica di Santa Maria in Trastevere

Palazzo di San Calisto

Piazza Sidney Sonnino

Lungaretta

Piazza del Drago

Piazza in Piscinula

Via della Luce

Via Scarp

通往 Villa Doria Pamphilj

Via Mercantini

Via di San Pancrazio

Piazzale Aurelio

Via Luciano Manara

Via San Cosimato

Via di Fienaroli

Via dei Genovesi

Vicolo dell'Atleta

Via dei Vascellari

Via di Ce

Via Pietro Roselli

Via Giacomo Medici

Via G Mameli

Piazza San Cosimato

Via Natale del Grande

Via di San Francesco a Ripa

Viale di Trastevere

Via di San Gallicano

Basilica di Santa Cecilia in Trastevere

9

Piazza di Santa Cecilia

Via Giacinto Carini

Via Trenta Aprile

Via Dandolo

Via G Sacchi

Via Morosini

Chiesa di Santa Maria dell'Orto

8

Via della Madonna dell'Orto

Piazza dei Mercanti

Viale Nicola Fabrizi

Via Calandrelli

Via Dandolo

Viale Glorioso

Via della Luce

Via Anicia

Via G Mameli

Villa Sciarra

Via F Casini

Chiesa di San Francesco d'Assisi a Ripa

7

Piazza San Francesco d'Assisi

Via di San Michele

Porta di Ripa Grande

Lungotevere Aventino

Via G Rossetti

Via Alessandro Poerio

Via M Quadrio

Piazza Pilo Rosolino

Via Ascianghi

Piazza Porta Portese

Piazzale Portuense

Ponte Sublicio

Tevere

Lungotevere Portuense

Lungotevere Testaccio

0   200 m

起点：罗维尔广场

终点：比西努拉广场

游览须知：最好在傍晚时分沿这条线路游览。从贾尼科洛山望下去，罗马正沐浴在夕阳下。之后再去特拉斯提弗列区吃晚餐。早晨来漫步也很惬意，既能享受特拉斯提弗列区的静谧，又能利用教堂与博物馆的开放时间好好参观。也可以将游览贾尼科洛山与特拉斯提弗列区的行程分开。

台伯河右岸

贾尼科洛山与特拉斯提弗列区

这次我们在台伯河右岸漫步，这条线路将带领你穿梭在贾尼科洛山高大的松树与梧桐树间。罗马本地人也经常会到山上的阴凉处阅读报刊、跑步、骑自行车，带小孩一起去看普契内拉（Pulcinella）木偶剧，或者从山上的观景台眺望数不尽的钟楼、圆屋顶、外墙、露台、顶塔，以及茂密的树木和绵延的山丘。这条线路是一段被树荫覆盖的步道，沿途散布别墅与花园，向下延伸至特拉斯提弗列区（拉丁文"trans Tiberim"，意为"台伯河对岸"）。这个人气很旺的古老街区个性鲜明，晚上总是分外热闹。

加里波第的英雄事迹、喷泉的水流声、伯拉孟特设计的理想式小神殿赋予这条线路节奏感。贾尼科洛山脚下有两座宫殿兼别墅，其中的法尔内西纳别墅是意大利文艺复兴时期最漂亮的建筑之一，艺术爱好者不妨到此一游。其他人不如尽快去特拉斯提弗列区，感受一下那里众多的咖啡馆、酒吧与餐厅营造的节日般的氛围。在那里，普通居民已渐渐被游客和时髦的罗马人取代，但街区仍魅力不减。可以简单地绕街区逛一圈再休息，你会发现这里如网络一样交织的中世纪小街巷与小广场。有些小街巷会被一些长街隔断，长街将带你探索中世纪或巴洛克时期的珍藏，比如说彼得罗·卡瓦利尼（Pietro Cavallini）的作品《最后的审判》中神情严肃的彩色羽翼天使，或者是菜园圣母院中在花朵与蔬菜中嬉戏的小天使塑像。

台伯河右岸

❶ 朱塞佩·加里波第广场　　❺ 特拉斯提弗列区罗马博物馆　❾ 特拉斯提弗列区圣塞西利亚教堂

❷ 帕欧拉喷泉　　　　　　　❻ 特拉斯提弗列区圣母大殿

❸ 蒙托里奥圣彼得教堂　　　❼ 河畔圣方济各教堂

❹ 塞提米亚纳门　　　　　　❽ 菜园圣母院

贾尼科洛山

贾尼科洛山并不是传说中的罗马七丘之一。在恺撒时代（公元前49—前44年），贾尼科洛山还处于罗马城界之外。不过在通往高卢的奥勒良古道（Via Aurelia）上，这里是人员往来频繁的区域。自109年修建的图拉真水道开始向贾尼科洛山供水后，山丘高处便建造了许多带花园的别墅，这些别墅挨着很早之前便安置在台伯河沿岸的简朴住房。然而，直到3世纪末修筑奥勒良城墙时，台伯河右岸才被纳入罗马的护城墙内。后来蛮族闯入罗马并破坏了水道，山丘又变为荒野，人们退居台伯河边，山丘高处只剩下几个修道院。直到17世纪，教皇重新修复了水道，并将贾尼科洛山和梵蒂冈城纳入城界范围后，山上的生活才真正恢复原状。

贾尼科洛山与罗马城的扩张区域保持着相对的距离，因此山上回响的更多是鸟鸣，而不是嘈杂的人声。但是，作为地理要塞，贾尼科洛山上演了数不清的流血牺牲。亡灵的阴影笼罩在山上：特别是在公元前87年成为统帅并征服罗马的马略（Marius）的亡灵；还有朱塞佩·加里波第与他的军团的亡灵——1849年，为保卫罗马共和国，他们曾在此英勇抵抗前来支援教皇的法国军队。为向加里波第军队的英勇事迹致以敬意，1880年这里修建起一条贾尼科洛步道（Passeggiata del Gianicolo），沿途竖立的雕像、半身像、纪念建筑物和标牌勾起了我们对历史的回忆。

在贾尼科洛山坡上

从台伯河边的罗维尔广场（Piazza della Rovere）走到圣奥诺弗里奥（Sant'Onofrio）斜坡上，这条路往上延伸到一座迷人的同名教堂——圣奥诺弗里奥教堂（里边有漂亮的回廊，半圆形后殿有文艺复兴时期美丽的壁画）。贾尼科洛山漫步之旅（沿贾尼科洛步道）便从这里开始，道路在山坡上弯弯曲曲地延伸，通向朱塞佩·加里波第广场。很快你就能在左侧眺望壮观的全景。可抄橡木斜坡前往罗马

在漫画《斯巴达克斯之子》中，阿历克斯居住在贾尼科洛山上，斯巴达库鲁斯同他母亲便是在这里敲了阿历克斯的门。此外，漫画《消失的罗马军团》（Les Légions Perdues）的开头与《罗马，罗马》的结尾，都有阿历克斯在观景平台俯瞰的身影。

灯塔（Faro di Roma）——定居阿根廷的意大利人于 1911 年赠予罗马的纪念物——和安妮塔·加里波第（与丈夫并肩战斗的浪漫女英雄）纪念雕像（Monumento ad Anita Garibaldi）。

朱塞佩·加里波第广场（Piazzale Giuseppe Garibaldi）❶ 以加里波第（参见 129 页）命名。广场中央，骑在马背上的加里波第正亲自邀请人们思索这座城市的历史，它的错综复杂通过诸多纪念性建筑显现：俯瞰城市中心，哈德良于 2 世纪建造的万神殿平坦的圆顶让我们意识到古罗马时期存在了 12 个世纪之久；向左望去，美第奇别墅以及它的一对小塔清楚地显现在绿油油的苹丘上，见证着文艺复兴以及教皇统治时期罗马的奢华；向右望去是极尽华丽的维托里安诺纪念堂（纪念维托里奥·埃马努埃莱二世），这座白色大理石建筑在城中格外醒目，象征着 1870 年意大利统一以及罗马作为首都的历史新篇章；最后望向远处，直到视线消失在阿尔班山。

接下来往山下走，走到普契内拉

双面之神雅努斯

贾尼科洛山的名字源于一位双面之神，雅努斯（拉丁语为 "Janus"，意为 "入口"）。他的双面一个看向前方，一个看向后方，象征他洞悉过去与将来，守卫着入口和出口。他是门神与道路之神，他能照看军队，提供支援与情报。安置于古罗马广场上的雅努斯神庙，战时总是敞开大门。雅努斯也是初始之神，一月（Januarius）便以他命名。

贾尼科洛山沿途满是意大利统一战争中英雄的半身像。这条路线也有另一个分支：从加里波第广场登上圣潘克拉奇奥门（Porta San Pancrazio），再沿着圣潘克拉奇奥路走 15 分钟就可到达罗马最大的公园——多利亚潘菲利别墅公园。

木偶剧院与周边的小酒馆南边。沿途，我们会邂逅一座相当质朴的喷泉（17 世纪），流淌着清澈可口的饮用水。它过于低调，因此我们一不留神就会错过。稍远一点的**帕欧拉喷泉**（Fontana dell'Acqua Paola）❷ 则完全不同。它十分醒目，是一座"水道橱窗"，用以标示图拉真水道的终点。为了改善罗马西部的用水条件，来自博尔盖塞家族的教皇保罗五世主持修复了水道，并冠以自己的名字——"保罗水道"（Acqua Paola，音译为"帕欧拉水道"）。喷泉于 1612 年建成，受到古代凯旋门设计的启发，用从古罗马广场收集的材料和最初的圣彼得大教堂的圆柱修建而成，并装饰有教皇牧徽。参观完喷泉后，你继续沿加里波第街往下走。街道右侧矗立着 1941 年建造的、为罗马成

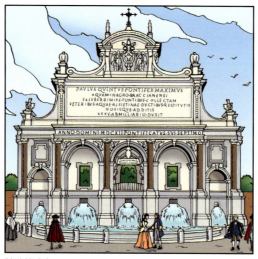

帕欧拉喷泉

为统一后的意大利首都而牺牲的爱国者的陵墓。

在街道左侧，我们即将看到**蒙托里奥圣彼得教堂**（Chiesa di San Pietro in Montorio）❸文艺复兴风格的立面。这座教堂是备受好评的婚礼举办地（参见 108 页方框），在 15 世纪重修，汇集了不同时期的艺术名作，包括塞巴斯蒂亚诺·德·皮翁博（Sebastiano del Piombo）震撼人心的大作《被鞭笞的耶稣》（*Flagellazione di Cristo*）。在右侧，旧时修道院的庭院里——据说是当年圣彼得被钉死在十字架上的位置——伯拉孟特于 1503 年建起一座**小殿堂**（Tempietto）（本义是小型殿堂，音译为"坦比哀多礼拜堂"）。这是一座圆形神殿，上头覆盖着小圆顶，周围有一圈简洁的多立克式柱廊。它被视为文艺复兴时期建筑的典范（因其明显地参考了古典建筑），启发了许多

艺术家（尤其影响了贝尼尼为圣彼得大教堂中圣体礼拜堂设计的圣体柜，参见 118 页）。走出小殿堂的中庭，沿左侧名为公共通道（Passaggio Publico）的楼梯走到加里波第街稍低一点的地方。右手边，我们能看到**圣母玛利亚七哀堂**（Chiesa di Santa Maria dei Sette Dolori）（17 世纪）巴洛克风格的外墙（由博罗米尼设计）。这所教堂的修道院在 2008 年被改为旅馆，它见证了时光飞逝。

宫殿之路

走到加里波第街尽头，左转穿过**塞提米亚纳门**（Porta Settimiana）❹。这道门是奥勒良城墙的城门之一，于

加里波第：意大利统一运动英雄

朱塞佩·加里波第（Giuseppe Garibaldi, 1807—1882）生于法国尼斯，常年在海上漂泊航行，后来遇到朱塞佩·马志尼（Giuseppe Mazzini），参与了后者创立的青年意大利党组织的秘密共和党运动。密谋失败后，加里波第逃往南美洲，过了十多年的游击生活。从那时起，他便塑造起了解放者的形象，他的"红衫军团"（由于经济上捉襟见肘，士兵们索性穿戴屠宰场工人的红色制服）也成为解放斗争的一大标志。1848年，加里波第回到尼斯，被视作英雄受到接待。第二年，加里波第再次投入保卫初成立的罗马共和国的事业当中，继续复兴运动（Risorgimento），以图建立一个统一、自由、独立的意大利。他领导一万名士兵打头阵，迅速击退了从奥勒良古道过来援助教皇的法国军队。集中在贾尼科洛山附近的战斗格外激烈。但最终在4月30日被击退的法国军队于1849年6月30日占领了这座城市。加里波第再次出逃，重返后在意大利统一运动中担任了至关重要的角色。在同加富尔达成共识后，加里波第指挥"千人军队"（或称"红衫军团"）成功进军至意大利半岛南部。

　　加里波第原本想一直行进至罗马，但是他相信只有皮埃蒙特的君主制度能真正实现意大利统一。1860年，加里波第在那不勒斯迎接维托里奥·埃马努埃莱二世；尽管他有着共和信仰，却仍尊后者为意大利国王。为了将罗马设为意大利首都，加里波第曾两次尝试攻占罗马，但都以失败告终。由于拿破仑三世的守卫，教皇之城直到1870年才被皮埃蒙特的军队占领。对于意大利而言，加里波第仍然是国家统一史上的一大传奇式英雄。

加里波第在巴西流亡时，结识了他的妻子，她终其一生同他并肩作战，直到1849年去世。

1498 年重建（如果你想直接前往特拉斯提弗列区中心地带，可跳过本段）。城门面向伦加拉（Lungara）街，为文艺复兴时期开辟的通往梵蒂冈城的街道，沿路修建了宫殿、别墅与教堂。左侧有重建于 18 世纪的**科西尼宫**（Palazzo Corsini），由费迪南多·富伽（Ferdinando Fuga）为枢机主教科西尼而建，取代了瑞典女王克里斯蒂娜居住过的宫殿。科西尼宫前有一个非常漂亮的门厅和一个华丽的楼梯，殿内还有**科西尼艺廊**（Galleria Corsini），珍藏着 14—18 世纪的画作，如弗拉·安杰利科的三联画，雅格布·巴萨诺（Jacopo Bassano）的《三博士来朝》（*Adorazione dei Magi*），卡拉瓦乔的《施洗者圣约翰》（*San Giovanni Battista*）。

宫殿花园的旧址上，有占地 12 公顷的**菜园植物园**（Orto Botanico）——一座花园式植物园。植物园内的棕榈树品种令人惊叹（共 40 种），里面也有欧洲品种最为丰富的竹园之一（共 70 种），还包括一个玫瑰园、许多温室和各种花园，在这里漫步可谓其乐无穷。

在街道另一侧的一堵墙后，隐藏着一件文艺复兴时期的瑰宝——**法尔内西纳别墅**（Villa Farnesina），于 16 世纪初为锡耶纳银行家阿戈斯蒂诺·基吉（Agostino Chigi）建造。基吉召集了当时最出色的艺术家修建别墅并用壁画加以装饰。这些画作呈现出天衣无缝的和谐之感，特别

曾经的科西尼宫花园，现在是植物园

是拉斐尔所作的《伽拉忒亚的胜利》（*Trionfo di Galatea*），朱里诺·罗马诺（Giulio Romano）所作的《丘比特与普赛克》（*Amore e Psiche*），塞巴斯蒂亚诺·德·皮翁博所作的奥维德的《波吕斐摩斯》（*Polifemo*），索多玛（Il Sodoma）所作的《亚历山大与罗克珊娜的婚礼》（*Nozze di Alessandro e Rossane*）。巴尔达萨雷·佩鲁齐（Baldassare Peruzzi）是其中一个房间的建筑师兼绘制师，他将透视法运用在整个空间中，真是巧夺天工！

特拉斯提弗列区中心地带

　　重新回到塞提米亚纳门，这样你便能深入特拉斯提弗列区中心地带。这里赭石色、玫瑰色或是黄色的小房子上常常覆盖着爬山虎、紫藤、盆花，或是晾晒着衣物。走左边的圣多罗德（Santa Dorotea）街，门牌 20 号是芙娜莉娜小屋（Casa della Fornarina），原本是一家面包店，里面曾住着拉斐尔的模特兼情人，她的肖像画陈列在巴贝里尼宫。接下来右转到贝尼蒂塔（Benedetta）街——街道通往特瑞鲁萨广场（Piazza Trilussa）和西斯都桥（Ponte Sisto），广场上装饰着教皇保罗五世时期的巨大喷泉——然后右转两次，经博洛尼亚（Bologna）小巷来到斯卡拉广场（Piazza della Scala），接着左转到圣艾智德广场（Piazza Sant'Egidio）。小广场有一棵遮阳的朴树，可以选一家比较时髦的咖啡馆歇脚。晚上有音乐会，广场格外热闹；

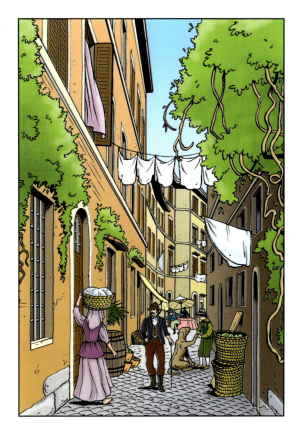

白天则可以一边聆听钟声，一边观察街区来来回回的"常客"。广场对面是小小的**特拉斯提弗列区罗马博物馆**（Museo di Roma in Trastevere）❺，陈列着 19 世纪末的水彩画，展示着那个时代依然充满田园气息的罗马。

　　向左边稍微走一段，来到特拉斯提弗列区的圣母玛利亚广场——该区最漂亮、面积最大的广场。它有着两面性：早上，广场空空荡荡，我们可以仔细欣赏坐落在此的罗马最古老的喷泉之一（通常被认为是伯拉孟特于 15 世纪末建造，17 世纪进行了重修），还有圣加理斯都宫（Palazzo di San Callisto）（位于圣母大殿左侧）那17世纪的美丽立面，以及**特拉斯提弗列区圣母大殿**（Basilica di Santa Maria in Trastevere）❻——大殿包括一座12世纪的钟楼、12—13世纪的马赛克画和1702年新增的门廊；晚上，广场热闹非凡，密集的人群团团包围住喷泉，餐厅的桌子占领了整个广场，这里会举行音乐会，因此教堂会开放到深夜。圣母大殿始建于4世纪，据说从前这里曾喷射出一股圣油，昭示着弥赛亚的降临；后来于12世纪重建，尽管经历多次修复，依然保持着纯粹的罗马式风格。内部庄严的古代深红色花岗岩圆柱和科斯马蒂圆圈形地板装饰交织的韵律，将我们的视线引向因精妙绝伦的马赛克装饰而金光闪闪的唱诗席。在圣母大殿半圆形后殿（12世纪）的马赛克上，耶稣与圣母坐在宝座上，仍旧带有拜占庭精神。下面有彼得罗·卡瓦利尼于13世纪末创作的马赛克画，非常细致地展现了圣母的生平。

走出教堂，沿着宫殿走，然后穿过圣加理斯都广场，走向右倾斜的河畔圣方济各街。这条街两边都是餐馆，与将该区一分为二的特拉斯提弗列大道相交，并通往**河畔圣方济各教堂**（Chiesa di San Francesco d'Assisi a Ripa）❼。在这座教堂里，我们可以欣赏到贝尼尼的杰作《真福的卢多维卡·阿尔贝特妮之死》（*Estasi della Beata Ludovica Albertoni*，1674）。这座雕塑是巴洛克艺术中的上乘之作（可与《圣特雷萨的沉迷》做对比，参见78页）。贝尼尼将圣光、圣灵的白鸽、飘在空中的小天使、裂开的石榴、衣褶的涡旋以及身体的运动结合起来，以此让人们感受这位女真福者临终之际，痴狂地沉浸在圣洁之爱中的幻觉与灵魂正在接近不朽的状态。

一旦走出这座教堂，就顺着右边的安尼西亚（Anicia）街（沿着烟草局延伸）一直走到**菜园圣母院**（Chiesa di Santa Maria dell'Orto）❽。16世纪时，这里所处的街区仍是一片农耕地；在18世纪，圣母院装饰了大量白色天使雕像以及花朵、水果与蔬菜做成的镀金花环。就连彩绘玻璃窗上的玛利亚花押字也由蔬菜与水果组成，不愧为一件洋溢着节日气氛的巴洛克瑰宝。

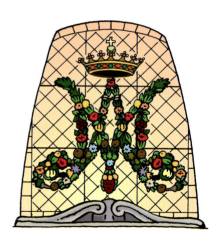

来到圣母院对面，沿着菜园圣母院街前行，左转到达一个小广场。小广场上有一个通向庭院的宏伟入口，庭院深处坐落着**特拉斯提弗列区圣塞**

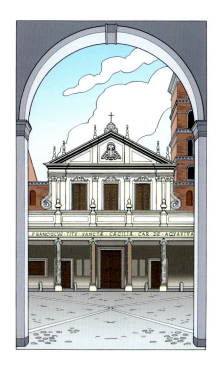

西利亚教堂（Basilica di Santa Cecilia in Trastevere）❾，圣塞西利亚是音乐家的主保圣人。早在5世纪前，教堂便建在一所房子里（圣人很可能在此殉道，地下还留存着一些旧屋的遗迹），之后又于9世纪重建，12世纪（添加了门廊和罗马式小钟楼）至19世纪经历多次整修。教堂里保存着许多漂亮的马赛克画和一座无比动人的圣塞西利亚雕像，由卡洛·马代尔诺于1600年雕刻。这件作品展示了圣塞西利亚的石棺在16世纪被打开时，她躺在里面的样子。毗邻的修道院保存有一幅罗马风格的杰出画作，即彼得罗·卡瓦利尼关于"最后的审判"主题的壁画（13世纪末）。

走出圣塞西利亚教堂后，左转到塞西利亚街，继续左转到杰诺维西（Genovesi）街，经过一些风景秀丽的小街巷——首先右转走阿代尔塔（Atelta）小道，然后穿过萨鲁米（Salumi）街，沿斯卡佩塔（Scarpeta）街直走，接着左转到一条没有名字的小道上，最后右转到比西努拉街——到达比西努拉广场（Piazza in Piscinula），这里离台伯河和桥梁只有几步路，过桥便到河对岸了。

特拉斯提弗列区的"我们其他人"

台伯河将特拉斯提弗列区与罗马城的起源地隔绝开来，这个街区一直保留着独具一格的身份。在古罗马时期，这里是平民聚居区，他们大部分是来自东方的人与犹太人。这里发展起了第一批基督教集会场所，基于这样的土壤，自4世纪便兴建起三座教堂：特拉斯提弗列区圣母大殿、圣塞西利亚教堂以及圣基所恭圣殿（Basilica di San Crisogono）。这里修建了河畔大码头（Porto di Ripa Grande），19世纪末之前，它都在街区扩张过程中扮演着重要角色。码头大部分交易集中在食品生意上。许多商店和价格便宜的小饭店继承了文化传统，"我们其他人的节日"（Festa de Noantri）也流传至今，于每年7月15—30日举行庆祝活动。

起点：西班牙广场

终点：米尼亚内利广场

游览须知：这条线路呈环状，两个广场挨得很近，因此可以任选一个作为起始点。如果天气好，可以选个时间，在博尔盖塞别墅的公园里愉快地野餐。

方尖碑的轨迹

"三叉戟"与苹丘

❄ 要参观整个罗马，可以跟着方尖碑的轨迹行走。事实上城市里有 13 座古代方尖碑，比如今整个埃及的方尖碑还多。第一座方尖碑是公元前 1 世纪，奥古斯都为庆祝战胜埃及而带回来的。它原本矗立在赫里奥波里斯城，可以上溯到公元前 1300 多年的拉美西斯二世时期。而哈德良为纪念其殒命的年轻情人安提诺乌斯（死后被奉为冥神奥西里斯）而修的方尖碑，和另一座装饰撒路斯提乌斯花园的方尖碑，都是埃及人在古罗马人的要求下制作的仿制品。这三座方尖碑作为罗马的象征，被教皇重新利用，成为竖立在朝圣路线上、让景观更为突出的地标。它们将串联起我们为你推荐的景点，带你经过自 18 世纪起受到国际化高雅环境和法国影响的、值得注意的街区。这条路线会经过罗马最美的阶梯，从舞台般的西班牙广场登上苹丘，带你享受绿叶的清新与街道的好景致；然后经同样富有戏剧感的波波洛广场下山，重新回到西班牙广场，沿途分布着宫殿、商店、兼具时髦与奢华的酒店。中途转两个弯就可以看到怪物与天使的雕像。

❶ 西班牙广场　　　　❸ 美第奇别墅　　　　❺ 拿破仑一世广场　　　　❼ 弗拉特圣安德烈圣殿

❷ 山上天主圣三教堂　　❹ 安提诺乌斯方尖碑　　❻ 波波洛广场

从西班牙广场到山上天主圣三教堂

从山上天主圣三阶梯转个小急弯到格里高利阿那（Gregoriana）街，便能看到建于16世纪的祖卡里宫（Palazzo Zuccari）窗户与门上的怪物装饰。

西班牙广场（Piazza di Spagna）❶曾长期是西班牙人与法国人争夺的焦点。最早到来的西班牙人将大使馆——西班牙宫（Palazzo di Spagna）——设立在广场旁边，其后抵达的法国人则将山上天主圣三教堂建在广场前的高地上。这片区域也曾汇集许多艺术家与知识分子，还有壮游欧洲的贵族与富家子弟。这种高雅且国际化的氛围沿袭至今，体现在沿途开着豪华酒店、高级咖啡馆、大量古董商店与时装店的街巷上。

西班牙广场呈蝴蝶翅膀形状，与山上天主圣三阶梯一起，勾勒出罗马最美的景致之一。在广场两翼的连接点——一侧坐落着波波洛广场上方尖碑的复制品，另一侧为圣母无染原罪柱（Colonna dell'Immacolata）——有

一艘石制的小船像是搁浅并沉没于此，让人想起1598年台伯河涨水时，水流曾将一艘小船带到这个位置。这个奇特的破船喷泉（Fontana della Barcaccia）于1629年由贝尼尼父子设计，是水压不足问题的天才解决方案。

直到18世纪初才竣工的**山上天主圣三阶梯**（Scalinata di Trinità dei Monti）连接着广场与教堂，十分壮观。阶梯由建筑师弗朗西斯科·德·桑蒂斯（Francesco de Sanctis）设计。台阶与楼梯平台交替的长阶，以及像手臂般拥抱着三幕剧（影射俯瞰山丘的山上天主圣三教堂的名字）的弯曲扶手，赋予了攀登过程节奏感。山上天主圣三阶梯是游客休息的首选地。当春天这里开满杜鹃花，作为时尚秀场布景时，实在是美不胜收。

教堂前的方尖碑于1789年在教皇

苹丘高处的方尖碑、山上天主圣三教堂和美第奇别墅

授意下竖立，是拉美西斯二世方尖碑的复制品。方尖碑曾经的所在地是撒路斯提乌斯花园，它很可能于 3 世纪完工，那时没人能看懂象形文字，碑文的抄写错误也印证了这一点。位于整个画面顶端的就是**山上天主圣三教堂**（Chiesa della Trinità dei Monti）❷。它是法国人在罗马建造的五座教堂之一，由查理八世（Charles VIII）于 15 世纪末修建，一个世纪后完工。内有达尼埃莱·达·沃尔泰拉（Daniele da Volterra）和其他 16 世纪画家的壁画。

走出教堂，来到西斯廷（Sistina）街的中心线上。这是西克斯图斯五世修建的穿过山丘的道路，连接山上天主圣三教堂和圣母玛利亚大教堂。从这里可以看到大教堂的钟楼和方尖碑隐约的轮廓。

前往美第奇别墅与苹丘花园

接下来先回到山上天主圣三教堂，沿山上天主圣三街直走，途中会邂逅夏多布里昂的半身像。位于城市一角的**美第奇别墅**（Villa Medici）❸建于 16 世纪末。正如在教皇之国该有的样子，它面向城市的外立面宏伟而低调，与耀眼奢华的内墙形成鲜明对比。内墙装饰着花环、面具、雕像以及古老的浅浮雕镶嵌饰，一条采用塞利奥拱（Serliana）[1] 的美丽凉廊敞开面向 7 公顷的平台花园（16 世纪）。花园中粗犷

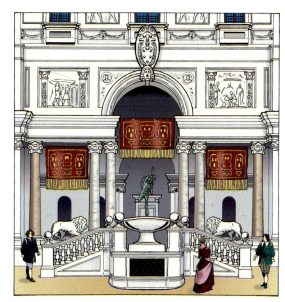

美第奇别墅内墙

的灌木丛与规则的苗圃相交错，装饰着雕塑和水池，其中一个水池中还饰有方尖碑。从 1803 年开始，美第奇别墅便作为罗马法兰西学院所在地，接待了 20 多名受资助的艺术家（造型艺术家、作家、电影人等），还举办了面向公众的文化活动。

别墅右侧的斜坡通往迷人的苹丘花园，花园在拿破仑时期由意大利建筑师朱塞佩·瓦拉迪尔（Giuseppe Valadier）整修，这里高大的松树、橡树以及法国梧桐树遮蔽成荫，还装饰着喷泉和著名人物的半身像，并提供全景观景点。情侣喜欢在这里约会，这里还有吸引小孩的游戏场地和木偶

夏多布里昂曾任罗马大使（1828—1829），他在文章中表达了对古罗马遗迹的热切迷恋。

---

1 塞利奥拱，文艺复兴时期建筑师塞巴斯蒂亚诺·塞利奥所设计，由拱券、柱式、壁柱、墙壁等建筑部件构成的一种组合。

安提诺乌斯（画面右侧人物）一身埃及人的装扮，左手拿着安卡（Ankh）——生命之符，也是诸神和被神化的君王的象征——站在主神阿蒙面前；而阿蒙正将自己传神谕的能力传递给他。

剧场，成年人也可以租借脚踏车、双座自行车、山地车或者人力车去探索博尔盖塞别墅（参见 144 页）最广阔的公园，通过一座跨越奥勒良城墙的桥就能到达。你可以在建于 1861 年的新古典主义风格的瓦拉迪尔小屋（Casina Valadier）——这里有一家餐厅和一家咖啡馆——休息片刻，接着继续探寻神秘的**安提诺乌斯方尖碑**（Obelisco di Antinoo）❹。方尖碑由教皇庇护七世于 1822 年挪到了苹丘，碑上的椭圆形装饰框里写着美少年安提诺乌斯的名字，他是哈德良的心上人。130 年，安提诺乌斯不幸在尼罗河溺死，死因扑朔迷离（意外死亡？献祭？）。他死后第二天便被奉为神祇，人们建立了尊崇他的神庙，还在埃及建了一座献给他的城市（安提诺波利斯）。方尖碑上刻有一些古埃及象形文字（在一位精通消失了几世纪的语言与仪式的埃及祭司指导下完成），提到了这位"奥西里

斯-安提诺乌斯"的神学学说：他是一位神明，太阳神拉的儿子，从一位仁慈而博学的受孕贞女肚子里出生。这是否让你联想到些什么？是不是因为当时基督教势力不断壮大，人们想要削弱他们的新神的力量？不管怎样，"安提诺乌斯教"在古罗马帝国大面积传播，甚至传回了安提诺乌斯的故乡比提尼亚。

从安提诺乌斯方尖碑出发，来到**拿破仑一世广场**（Piazzale Napoleone I）❺的露天平台，这里视线绝佳：从右方的马里奥山丘（Monte Mario）一直观望到左边的贾尼科洛山，目光扫过圣彼得大教堂的穹

《尼罗河王子》

关于漫画《尼罗河王子》，雅克·马丁表示是受《哈德良回忆录》启发而著。他说道："我同样想要叙述一个类似于皇帝哈德良与他的挚爱安提诺乌斯的故事。安提诺乌斯最终溺死在尼罗河，我的故事背景就是尼罗河岸。正好依拿是埃及人，年纪与安提诺乌斯相仿，我认为他就是后者的完美翻版。"

出自《阿历克斯带你走进雅克·马丁的宇宙》（Avec Alix: L'Univers de Jacques Martin）。

罗马与埃及

在古埃及，方尖碑是人间与天国之间联结的象征，通常成对矗立在太阳神拉的神庙前面。古罗马人会将从埃及带回来或是仿造的方尖碑竖立在重要的地方（比如竞技场中间区域、奥古斯都陵墓前面等）。在那个时代，城市中为伊西斯建筑的神庙不断增加。至今仍能在圣保罗门旁看到一个名叫塞斯提乌斯的罗马人为自己修筑的金字塔形坟墓。中世纪时期，人们认为方尖碑具有神奇且邪恶的力量。14 世纪有一些重要的神秘文献在意大利传播，根据文字内容，古埃及是智慧的摇篮。教皇亚历山大六世（Alessandro VI）波吉亚曾命人在他位于梵蒂冈的住所内为他画像，要求将他本人画在伊西斯与奥西里斯之间。据 16 世纪末发布的新文章称，在埃及哲学中看到了基督教精神的建立，这可能促使了西克斯图斯五世和后来的其他教皇重新利用方尖碑，并将耶稣的十字架放在顶端，令其成为基督教罗马城的标志。17 世纪末，"埃及热"席卷罗马，每位皇族都有一间埃及风的客厅。尽管公元前 30 年埃及从属罗马，但其艺术与文明反过来征服了罗马。不过直到 1822 年，商博良破译了象形文字后，埃及的神话传说才逐渐让位给历史。

金字塔建于公元前 1 世纪末，是罗马民选官盖乌斯·塞斯提乌斯（Caius Cestius）的墓地，可以前往奥斯蒂恩塞广场（Piazzale Ostiense）或 Piramide 地铁站参观。它见证了罗马对古埃及文明的痴迷

顶和下方的波波洛广场（教皇统治下的罗马城最后一个宏大的布景），从高处可以清晰地看到那里著名的"三叉戟"（Tridente，16世纪）——得名于以方尖碑为起点向外延伸的三条道路：里佩塔大街、科尔索大街与狒狒街。

波波洛广场

来到平台右侧，沿阶梯与道路抄林荫道下山，一直走到**波波洛广场**（Piazza del Popolo）**⑥**[1]。广场融合了自然景观（苹丘）、一个城门入口、一座方尖碑、三座教堂、两家大咖啡馆、一些狮子雕像、斯芬克斯像和喷泉，在1811—1824年由朱塞佩·瓦拉迪尔设计，宏大而壮丽，并且保留了之前的纪念性建筑物与三岔路的规划。几座雄伟的喷泉组成了苹丘与下边的广场之间的景观。奥勒良城墙的**波波洛城门**（Porta del Popolo）长期以来都是罗马城的主入口。城门的外墙于16世纪完成，灵感源于古罗马时期的凯旋门。贝尼尼于1655年装饰了城门内墙，当时正值瑞典女王克里斯蒂娜来到罗马之际。

旁边坐落着立面朴素的**波波洛圣母教堂**（Chiesa di Santa Maria del Popolo）。这是罗马最漂亮的教堂兼博物馆之一，集各种元素于一体：文艺复兴时期的建筑、贝尼尼的装饰、平图里基奥的壁画、卡拉瓦乔的画作、皮翁博创作的祭坛后的装饰屏、根据拉斐尔的草

图创作的马赛克画。广场中间的方尖碑由教皇西克斯图斯五世竖立，正是奥古斯都于公元前10年竖立在马克西穆斯竞技场中心区域的拉美西斯二世方尖碑（参见21页）。科尔索大街上矗立着的"双子"教堂（外表看起来很像）是17世纪巴洛克艺术宏图中的一部分，用以标记城市入口，囊括双子咖啡馆——罗萨提（Rosati）咖啡馆与卡诺瓦咖啡馆——的楼宇、半圆形建筑、喷泉、教堂对面的营房以及背面的修道院都带着瓦拉迪尔的印记。

科隆纳与"三叉戟"：
时尚与奢侈品街区

现在到了逛优雅的**狒狒街**（Via del Babuino）的时间，街道两边是古董商店、时装店和设计店。去享有盛名的俄罗斯大酒店（Hôtel de Russie，门牌

波波洛城门内墙高处刻着"衷心感谢您的到来"（Felici faustoque ingressui）以迎接瑞典女王克里斯蒂娜。她于1654年退位并改信天主教后来到罗马，受到热烈欢迎。

---

1 "Popolo"，意为"人民"，也译作"人民广场"。

9 号）隐蔽的花园或是卡诺瓦塔多里尼（Canova Tadolini，门牌 150 号）咖啡馆喝上一杯。沿途可以跟丑陋的狒狒雕像打个招呼，这也是街道名字的由来；其实这本是西勒努斯（智力超群的森林之神，将酒神巴克斯抚养长大）的雕像，因为外形丑陋被称为狒狒喷泉；于 16 世纪被改造为宫殿的装饰雕像，现在被迁到亚他那修堂（Chiesa di Sant'Atanasio）附近。接着左转到那不勒斯菜园（Orto di Napoli）小巷，到达狭窄的**玛尔古塔街**，尽情感受它充满田园风情的魅力。这条街始建于 17 世纪，一代又一代的画家与雕塑家在此居住。

回到狒狒街，直行到孔多蒂（Condotti）街右转，沿途有数不尽的奢侈品店，还有希腊咖啡馆（Caffè Greco）。左转到马里奥·德·费奥利（Mario de'Fiori）街，这里行人更少，却有一些别致的小店和小圣母像。继续往前走到梅赛德（Mercede）街，左边的宫殿便是贝尼尼的住所了，对面是**弗拉特圣安德烈圣殿**（Basilica di Sant'Andrea delle Fratte）❼，上面竖立着博罗米尼设计的造型奇异的小钟楼，里面藏有贝尼尼设计的最漂亮的两座天使雕像（参见 114 页）。向左边延伸的街道通往**传信部宫**（Palazzo di Propaganda Fide），具有强烈反差的弯曲立面是博罗米尼的大作。然后我们前往米尼亚内利广场（Piazza Mignanelli），它几乎与西班牙广场接壤。广场上的圣母无染原罪柱顶上有一座青铜圣母像，每年 12 月 8 日（圣母无染原罪日），圣母都会接受城市的致敬：消防员会将花环挂在圣母手臂上，教皇也会带来一篮玫瑰花并布道。

正如著名的帕斯奎诺雕塑，狒狒雕像也曾是一座"会说话的雕塑"（参见 94 页），被用于张贴讽刺诗。

教皇统治下的罗马城最后的壮丽布景：波波洛广场和奥古斯都从埃及带回来的拉美西斯二世方尖碑。

博尔盖塞别墅的多重魅力

枢机希皮奥内·博尔盖塞是一位知识渊博、富有激情的艺术爱好者（为得到觊觎的艺术作品，希皮奥内不择手段，不论采取暴力、偷抢还是勒索的方式，他都做得出来）。他不仅收集了一批不同凡响的古董和文艺复兴时期的作品，还发掘了像卡拉瓦乔和贝尼尼这种勇于创新的人才，有助于巴洛克艺术的繁荣。

罗马大家族重拾古代建造"别墅"的传统，他们以在文艺复兴时期建造出奢华无比的住所而自豪。这些别墅被花园环绕，以自然景观为布景，里面陈列着大量艺术收藏。别墅外立面镶嵌着雕像与浅浮雕，俨然一座露天博物馆——希皮奥内·博尔盖塞便于 1612 年在苹丘建立起这样一栋别墅，来展示他那叹为观止的收藏。18 世纪末，马克安东尼奥·博尔盖塞（Marcantonio Borghese）将别墅内部装修为新古典主义风格。1902 年，博尔盖塞别墅（Villa Borghese）被国家收购，别墅与收藏品组成了博尔盖塞美术馆（Galleria Borghese），这是罗马最美的博物馆之一（包含拉斐尔、贝尼尼、卡拉瓦乔、卡拉齐、巴萨诺、鲁本斯、提香等艺术家的作品）。占地 80 公顷的博尔盖塞别墅花园如今是名为"博尔盖塞别墅"的城市公园。

朱利亚别墅的夫妻合葬棺

公园内还有另一处奇观——朱利亚别墅国立伊特鲁里亚博物馆（Museo Nazionale Etrusco di Villa Giulia）。尽管其知名度不及博尔盖塞别墅，却是意大利最重要的关于伊特鲁里亚的博物馆（内有夫妻合葬棺、维爱伊的阿波罗像、武尔奇城的青铜二轮马车、修复的伊特鲁里亚神庙等文物）。建筑原是为教皇尤利乌斯三世修建的别墅，十分壮观，主体为文艺复兴风格，包括一个风格主义的宁芙神庙。

博尔盖塞别墅的橘园里有一个卡洛·比洛蒂博物馆（Museo Carlo Bilotti），内有意大利裔美国商人卡洛·比洛蒂收藏的现代艺术与设计作品，数量不多但品质精良，包括20多幅基里科的作品。公园拥有隐秘的花园、浪漫的湖泊以及湖心小岛上的医神庙，宽敞的沥青路与松树遮蔽着的空地相间。此外还有许多体验公园乐趣的方式，可以租自行车或划船游览，观看毕欧帕可野生动物园（Bioparco）的动物，去西尔瓦诺·托蒂环球剧院（Silvano Toti Globe Theatre）看场演出，在电影馆（Casa del Cinema）与影迷朋友相遇，或者带上野餐随便逛逛也不错。

如果你看过雅克·马丁的漫画《伊特鲁里亚坟墓》（Le Tombeau Étrusque），就不能错过朱利亚别墅国立伊特鲁里亚博物馆，在这里可以找到漫画中出现过的一些文物。想要让这段文明之旅更完整的话，还可以前往罗马近郊极负盛名的伊特鲁里亚景区——切尔韦泰里（Cerveteri）和塔尔奎尼亚（Tarquinia）——来一次趣味盎然的探索。

图书在版编目（CIP）数据

漫步罗马 /（法）泰蕾丝·德谢里塞编；（法）雅克·
马丁,（法）吉勒·沙耶,（意）恩里科·萨卢斯蒂奥绘；
雷淑淋译 . -- 成都：四川美术出版社，2023.11
ISBN 978-7-5740-0630-0

Ⅰ.①漫… Ⅱ.①泰…②雅…③吉…④恩…⑤雷
… Ⅲ.①旅游指南—罗马 Ⅳ.① K954.69

中国国家版本馆 CIP 数据核字 (2023) 第 130787 号

漫步罗马
MANBU LUOMA

[法] 泰蕾丝·德谢里塞 编
[法] 雅克·马丁　[法] 吉勒·沙耶　[意] 恩里科·萨卢斯蒂奥 绘
雷淑淋 译

选题策划	后浪出版公司	出版统筹	吴兴元
编辑统筹	丛　铭	责任编辑	唐海涛　王馨雯
特约编辑	李珈仪	责任校对	陈　玲
营销推广	ONEBOOK	责任印制	黎　伟
装帧制作	墨白空间·黄　海		
出版发行	四川美术出版社		

（成都市锦江区工业园区三色路 238 号 邮编：610023）

成　品	690 毫米 × 960 毫米　1/16
印　张	9¼
印　数	1—5000 册
字　数	190 千
图　幅	184 幅
印　刷	天津图文方嘉印刷有限公司
版　次	2023 年 11 月第 1 版
印　次	2023 年 11 月第 1 次印刷
书　号	ISBN 978-7-5740-0630-0
定　价	60.00 元

读者服务：reader@hinabook.com 188-1142-1266
投稿服务：onebook@hinabook.com 133-6631-2326
直销服务：buy@hinabook.com 133-6657-3072
网上订购：https://hinabook.tmall.com/（天猫官方直营店）

后浪出版咨询（北京）有限责任公司 版权所有，侵权必究
投诉信箱：editor@hinabook.com　fawu@hinabook.com
未经许可，不得以任何方式复制或者抄袭本书部分或全部内容
本书若有印装质量问题，请与本公司联系调换，电话：010-64072833

艺术，让生活更美好

更多书讯，敬请关注
四川美术出版社官方微信